走近轨道交通科普系列丛书

走近有轨电车
运营篇

张中杰 主编

陈锦剑 朱观华 副主编

同济大学出版社·上海

图书在版编目（CIP）数据

走近有轨电车. 运营篇 / 张中杰主编. — 上海：同济大学出版社，2022.8
（走近轨道交通科普系列丛书）
ISBN 978-7-5765-0292-3

Ⅰ.①走… Ⅱ.①张… Ⅲ.①有轨电车–青少年读物 Ⅳ.①U482.1-49

中国版本图书馆 CIP 数据核字（2022）第 125847 号

走近轨道交通科普系列丛书
走近有轨电车——运营篇

张中杰 主编

陈锦剑 朱观华 副主编

策划编辑	陆克丽霞	责任编辑	尚来彬
责任校对	徐春莲	装帧设计	潘向蓁 王 翔

出版发行	同济大学出版社 www.tongjipress.com.cn
	（地址：上海市四平路 1239 号 邮编：200092 电话：021-65985622）
经　　销	全国各地新华书店
印　　刷	上海安枫印务有限公司
开　　本	710mm×1000mm 1/16
印　　张	8.5
字　　数	170 000
版　　次	2022 年 8 月第 1 版
印　　次	2022 年 8 月第 1 次印刷
书　　号	ISBN 978-7-5765-0292-3
定　　价	58.00 元

本书若有印装质量问题，请向本社发行部调换　　版权所有　侵权必究

走近轨道交通科普系列丛书编委会

主　　编：张中杰

副 主 编：陈锦剑　朱观华

编委会成员：王浩然　陈　希　姚　幸　沈继强
　　　　　　刘苗苗　金建飞　郭伟华　王君如
　　　　　　李明广　吕培林　邵雪莹　廖晨聪
　　　　　　吴　航　张栩衡　陈　晨　秦　舒
　　　　　　张劲松　刘士煜　裘珍妮　吕圣华
　　　　　　全英格尔　严　妍

总　序

  城市轨道交通作为一种绿色低碳的城市交通系统，是目前解决我国城市交通问题和大气污染问题的最佳方式。早在20世纪90年代末，国内就已掀起了城市轨道交通建设的热潮，并且范围越来越广。随着城市轨道交通建设如火如荼地进行，城市轨道交通科技也在蓬勃发展。土建、车辆、供电、通信、信号、综合监控、机电设备及消防系统等与城市轨道交通相关专业的技术成果丰硕。城市轨道交通成为支撑、引领经济快速发展和推动社会进步的新引擎。因此，推动轨道交通领域的科技进步与创新、促进先进技术的更新与应用、提高群体科学素养就显得尤为重要。

  "走近轨道交通科普系列丛书"正是从广大市民的角度出发，围绕大家关心的问题，以"一问一答"的形式，深入浅出地介绍城市轨道交通科学知识及安全出行要点。本套丛书语言通俗易懂、叙述生动有趣，地铁源于"查尔斯·皮尔逊与老鼠的一次历史性的'会面'""地铁车辆每节车厢下面都'别有洞天'""你可以想象列车凭借一根钢轨悬挂在半空中"……这些阐述均来自本套丛书，相信一定能够激发读者对轨道交通的浓厚兴趣，为他们打开一扇了解轨道交通的窗口。

本套丛书的编者中有活跃在轨道交通设计研究工作第一线的青年科技骨干,也有活跃在教育领域第一线的青年教师。他们在总结实践经验的基础上,碰撞思维、跨界交流、精心甄选,为读者描绘出一幅幅轨道交通的知识画卷,带领大家感受轨道交通前沿科技的魅力。同时,本套丛书还有助于拉近读者与轨道交通专业工作者之间的距离,让读者能够理解城市轨道交通建设中必不可少的"阵痛",学习轨道交通突发事件的正确应对方式,从而更好地融入新时代城市数字化转型的进程,进一步认可接受并选择绿色低碳出行,助力国家实现"双碳"目标。

全国勘察设计大师

2021 年 12 月

丛书前言

城市轨道交通是人们出行的重要交通工具。相比于城市道路和桥梁，轨道交通是一个较新的领域，因此不易被青少年及广大市民所了解。在日常搭乘轨道交通的过程中，有时人们会像历史学家，关心地铁发明者是谁、地铁的出生地在哪；有时人们像设计师，关心地铁是如何穿越江河、如何"掉头"的；有时人们又像文化学者，关心地铁线路颜色背后的故事、有轨电车的艺术长廊……

于是，城市轨道交通仿佛变成了一个个问号：这是什么？那是什么？为什么会这样？为什么会那样？……怎样才能方便又贴心地满足大家无穷无尽的好奇心和求知欲呢？"走近轨道交通科普系列丛书"就是一个不错的选择，可以帮助大家解决不少的疑问。

本套丛书共十册，分别为《你不知道的地铁历史》《你不知道的地铁设计》《你不知道的地铁建设》《你不知道的地铁运营》《你不知道的地铁文化》《你不知道的轨道交通》《走近有轨电车——趣谈篇》《走近有轨电车——设计篇》《走近有轨电车——建造篇》《走近有轨电车——运营篇》。本套丛书以地铁、有轨电车及其他轨道交通为主题进行编排，从历史、设计、建造、运营、文化等角度进行阐述，内容丰富、涉及面广，语言简洁易懂、生动有趣，不仅可以最大限度地满足读者对轨道交通知识的需求，而且还能让读者充分理解城市轨道交通建设的艰辛与不易。

本套丛书的内容融入了编者们在这一领域多年的积累，所包含的条目都经过编者们的精心挑选和甄别，向广大读者描绘了近200年城市轨道交通的绿色发展历程，希望借此能加深读者对我国"碳达峰与碳中和"目标的理解，引导绿色低碳出行。同时，本套丛书还展现了当今城市轨道交通涉及的各种前沿技术，让读者能深刻地感受到数字化带来的科技与便利，赋能数字化实践，助力城市数字化转型。

本套丛书得到了上海市科学技术委员会科普专项项目资助，也得到了上海市城市建设设计研究总院（集团）有限公司、上海中学、上海交通大学、同济大学出版社、中铁五局集团有限公司等单位的支持，在此表示衷心的感谢！

本套丛书中的少量图片来自网络，无法联系到图片版权所有者，在图片下方均已标明图片来源，若有相关事宜需要处理请与我们联系。

由于编者们的工程经历及学术水平有限，书中疏漏及不当之处在所难免，敬请广大读者不吝指正。

本书编委会
2021年12月

目 录

总序

丛书前言

1	什么是有轨电车运营	1
2	有轨电车运营的目标是什么	3
3	有轨电车运营难在哪儿	5
4	有轨电车与 BRT 运营是一样的吗	7
5	有轨电车与地铁运营是一样的吗	9
6	有轨电车像公交一样运营行吗	12
7	有轨电车是怎么动起来的	14
8	有轨电车会触电吗	16
9	有轨电车也看红绿灯吗	18
10	有轨电车车票怎么买	20
11	有轨电车是统一票价吗	22
12	有轨电车一定准点吗	24
13	有轨电车停站时间长吗	26
14	有轨电车站台上的到站信息准吗	28
15	等有轨电车需要多长时间	30

16	为什么一天中等候有轨电车到站的时间有长有短	32
17	有轨电车的档期是怎么排的	34
18	有轨电车晚上"睡觉"吗	36
19	有轨电车跑得快吗	38
20	有轨电车能开得像高铁一样快吗	40
21	有轨电车会限速吗	42
22	有轨电车的运营速度受什么因素影响	43
23	有轨电车会堵车吗	45
24	有轨电车会抛锚吗	48
25	有轨电车安全吗	50
26	有轨电车可以在恶劣气候下行驶吗	52
27	夜行的有轨电车安全吗	54
28	当有轨电车遇上了不讲"武德"的汽车司机	56
29	有轨电车怎么避免受伤	58
30	有轨电车车站有屏蔽门吗	60
31	有轨电车的车站形式都一样吗	62
32	有轨电车站台的小秘密	65
33	乘客如何在路中的有轨电车车站上下车	67
34	有轨电车怎么转弯	69
35	有轨电车通过路口和转弯时对大家有影响吗	70
36	有轨电车是如何实现掉头的	72

37	有轨电车如何换轨道开行	74
38	谁在控制有轨电车的"方向盘"	75
39	有轨电车会"出轨"吗	77
40	有轨电车的运营会占用道路资源吗	79
41	有轨电车运行后可以改善交通拥堵吗	81
42	当有轨电车遇上大客流	83
43	有轨电车能装多少人	85
44	有轨电车上路运营需要车牌吗	87
45	开有轨电车需要驾照吗	89
46	为什么有的有轨电车可以两辆车一起跑	92
47	多辆有轨电车之间是怎么连接的	94
48	有轨电车运营的"最强大脑"	96
49	有轨电车能不能实现自动驾驶	98
50	有轨电车怎么和公交车换乘	100
51	有轨电车会完全取代沿线公交车吗	102
52	有轨电车在交通枢纽中扮演怎样的角色	104
53	有轨电车一定开在城市道路上吗	106
54	有轨电车是怎么清洗的	108
55	有轨电车是怎么检修的	109
56	有轨电车的轨道需要保养吗	111
57	乘坐有轨电车的体验好吗	113

58	画中的有轨电车	115
59	有轨电车很吵吗	117
60	有轨电车有多环保	119

参考文献　　　　　　　　　　　　　　　　121

① 什么是有轨电车运营

有轨电车运营相当于什么呢？设计有轨电车就好比十月怀胎，建设有轨电车就相当于把他们生出来，而有轨电车运营就好比是养育这个孩子。都说生孩子容易养孩子难，而运营有轨电车就是要负责有轨电车的"吃喝拉撒睡"，所以有轨电车运营是一门大学问，也是一个大工程。有轨电车运营主要是对有轨电车进行维护并有序地组织运行、指挥和管理，以及进行调度和客运服务等工作。

运行中的有轨电车①

① 凡是书中未注明来源的图片均为编者所在单位提供或自行拍摄。

总之，有轨电车运营负责有轨电车在投入使用之后的一切问题。简单来说，有轨电车运营主要负责满足乘客出行目的、谋取社会效益和经济利益等两方的内容。有轨电车运营可以用下面这个公式表达：

运营 = 运作 + 经营

运作：有轨电车的运作类似于人们日常的工作，需要为社会贡献劳动力，创造满足社会需求的价值。有轨电车是一种按照规定对公众提供运输服务的交通工具，有轨电车运作就是发挥有轨电车的"工具"作用，简而言之，就是发挥把乘客从始发地载运到目的地的作用。运作过程涉及运营人员和运营工具等，"运作"主要是针对有轨电车满足乘客出行目的而引出的概念。

经营：有轨电车经营管理就是通过研究需求、内部生产能力，并考虑成本、票价结构、销售策略等使得有轨电车运作和外部协调相结合，达到经济效益和社会效益"两开花"的效果。有轨电车的经营类似于人们日常工作后收获的报酬，用于自己的计划与花费。

有轨电车运营的目标是什么

歌德曾说:"每走一步都走向一个终于要达到的目标,这并不够,应该每下就是一个目标,每一步都自有价值。"有轨电车运营同样秉持"有目标"的态度,即保证安全、服务和效益。

安全、服务和效益,是有轨电车运营的三大目标。安全,无一例外居于运营目标的首位,无论是车辆还是线路安全问题都需要花费最多的精力,一旦发生事故,乘客身心受到的伤害将是难以补救的,而有轨电车涉及的人员较多,因此安全是重中之重,所以降低交通事故的风险、保障生命安全是有轨电车运营的基本前提;服务,则是将更加优质的体验给予乘客,提供准时、准点、准确、方便、快捷等高质

运营绩效

- 上海首条网络化现代有轨电车
- 正式运营筹备期不到8个月
- 多职能队伍:OCC①、主线及车辆段岗位复合作业人员(流动巡回小组)
- 通车后协同相关部门持续提高运营效率,例如增设绿波②后提速20%
- 未发生有责客伤事件
- 2020年未发生15分钟晚点事故

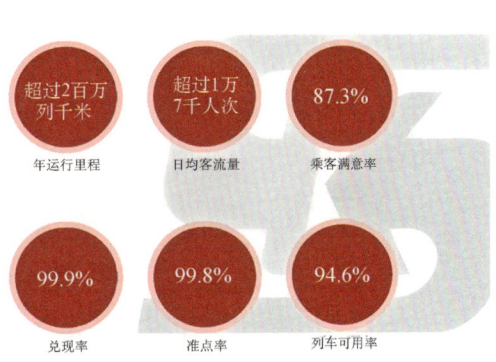

2020年松江有轨电车运营绩效指标
(资料来源:上海申凯公共交通运营管理有限公司)

① OCC 是 operation control center 的首字母缩写,中文指"运行控制中心"。
② 绿波指绿波带,是通过协调主干道上各信号交叉口之间的相位差,使主干道上按规定车速行驶的车辆获得尽可能不停顿的通行权。

量服务；效益，则是维护运营公司可持续发展的重要因素，如合理的票价是要在乘客可负担范围内保证运营公司的自身利益，同时带动客流量，增加有轨电车系统中广告空间和周边房屋商铺价值，创造更多的经济效益。总之，因安全不达标，或因服务不到位而使客流量下降，或因效益不好而难以维持，都会导致有轨电车行业的衰败。

所以，有轨电车的运营管理应本着高效、经济、安全、便捷的原则进行，其运营管理系统应在各项功能完整的基础上，打破传统轨道交通与现代轨道交通之间的壁垒，积极推进现代轨道交通系统的整合，从而实现资源共享，节约运营成本，提升运营效率。

3 有轨电车运营难在哪儿

有轨电车运营主要存在三大矛盾：供应和需求、安全和效率以及成本和收益。而这三大矛盾又密不可分。

首先，供应和需求有时不匹配。有轨电车的运营是以乘客出行需求为基础的，但是有轨电车的客流经常会出现"潮汐"现象，部分时间和地区的客流量大，导致客流分布不均匀且具有随机性，这就为有轨电车的供应带来了难题，需要合理预计需求来匹配供应，安排得不好就会出现闲置和浪费，让大家对有轨电车的建设、运营产生"误解"。

其次，安全和效率难平衡。"慢工出细活"是说质量高了往往效率就低，这句话同样适用于有轨电车，最典型的就是速度和安全之间的

晚高峰后运营车辆回基地
（图片来源：上海申凯公共交通运营管理有限公司）

矛盾。有轨电车运行于开放的交通环境中，外界因素对有轨电车的安全运行影响较大。速度越快，效率越高，但是随着速度的提高，事故风险也在增加。有轨电车在建设运营时通常采用某些方法减少社会交通对现代有轨电车运行的干扰，例如大型交叉口对有轨电车运行路段进行物理隔离，旅客进站采取地下通道或人行天桥方式等。在运营管理上需要加强宣传和引导，规范乘客行为。在交叉口范围内设置必要的警示、引导标志和信号灯，确保乘客及行人的人身安全等，以此保障有轨电车快速、安全地行驶。

最后，成本和收益二者难兼顾。有轨电车运营的成本降低有利于利润的增加，较高的成本必然会影响利润，甚至导致亏损，但是成本也不可无下限降低，否则必然会导致一系列安全问题，从而影响收益。

要解决有轨电车运营难点，就需要充分、有效地发挥运营设备、运营者甚至乘客的潜能，在保障安全的前提下，满足乘客的合理需求，并实现经营效益最大化。有轨电车的服务可靠性越高，对广大群众出行的吸引力就越大，服务水平也越高。

④ 有轨电车与 BRT 运营是一样的吗

随着有轨电车建设的持续升温,有轨电车与快速公交系统(Bus Rapid Transit,BRT)的优势之争再次成为谈论焦点。它们到底有什么不一样?

首先,有轨电车更准时。尽管 BRT 基本都设有专有路权,部分线路甚至具有信号优先系统,但是 BRT 依然会出现大车距、串车的现象。主要原因是它载客量小及运行受驾驶员个人意志的影响较大,无法避免驾驶员可能在路口抢红灯或故意耗红灯等现象的发生。比如在岛内全程高架没有任何红绿灯的厦门 BRT,在高峰进站时车辆却会排成长队,经常因此而出现严重的吊门滞站情况,也直接影响了线路的准点运营。BRT 只适合长距离、对乘车时间精确度要求不高的乘客。

其次,有轨电车具有可靠性高、准点率高的特点。它有自己的运营控制系统,其停站时间和运行速度严格遵照时刻表和运行图。在准点的同时,乘车舒适度也有大幅提升。有轨电车车身长、车门多,具有快速乘降的特点,可以严格控制停站时间;在通过路口时,使用信号优先系统可以保证基本不等红灯。以上特点都使得有轨电车在路面运营的准点率远高于 BRT,再配以司机的目视,保证了运行安全性。

常州 BRT 站台与车辆

松江有轨电车站台与车辆
（图片来源：上海松江有轨电车投资运营有限公司）

再次，有轨电车的"小身材大容量"不得不夸一夸，如果BRT是公共交通系统中的"精英"，那么有轨电车就是"精英中的精英"。国内主流BRT车长大多为12 m或18 m，最大载客量150人，如果每3 min发一班车，早高峰每小时约能运输3 000人。看似苗条的有轨电车在车辆长约32 m时，单辆车最大载客量可以达到400人，约为16 m长BRT载客量的1.3倍。所以说，常用公交和有轨电车在运输能力上还是有一定差距的。现代有轨电车每小时运量在0.5万～1.2万人次，因此相比公交车，有轨电车能够更高效地完成乘客运输。

最后，早高峰时，若单个有轨电车无法满足众多乘客，有轨电车还可以叫上它的兄弟姐妹，组合联挂在一起运行，共同高效地运输乘客。因此，有轨电车与BRT相比，除了单辆车能够承载更多乘客以外，还能够以不同编组或多辆联挂等方式增强不同时段的运输能力，比如早高峰等公交车很拥挤的时段，有轨电车能够采用长编组的车辆，提高载客量，从而提高车厢内乘客们的舒适度，也能降低乘客的等待时间，而公交车只能通过调整发车间隔来调整运输能力，难以兼顾运能的提高与乘客等待时间的缩短。

5　有轨电车与地铁运营是一样的吗

作为公共交通界的"重量级选手",地铁和有轨电车也总会被大家拿来做比较。确实有轨电车和地铁有很多相似之处,它们外貌看着也像是兄弟,都跑在轨道上,都是没有像汽车一样的轮子。但即使同属于城市轨道交通系统,有轨电车和地铁在运营上也是天差地别。此时,你是否已经露出疑惑了呢?

虽说有轨电车和地铁是"近亲",并且有轨电车的运行模式较多地借鉴了地铁运营模式,但区别还是挺大的。

它们的"势力范围"很不同。地铁主要穿梭于城市的地下,地铁隧道和车站大部分都在地下,也有一些行驶于高架桥上的情况,但是行驶到地面上那真是少之又少,仅有一些车站的出入口是大家常见的,地铁一般全封闭运行。

运行中的松江有轨电车
(图片来源:上海松江有轨电车投资运营有限公司)

而有轨电车绝大部分在地面行驶，我们在开车时经常发现有轨电车从身边经过，在道路交叉口它还和其他交通工具共享路权，是城市道路交通中的一员，"存在感"极强。

相比之下有轨电车更亲民。地铁行驶的"路"不会有外来人员和车辆要求与它"分享"，也不用注意"路"上会突然出现车辆或者行人，因此运行速度更快。有轨电车则不同，它比较"心思细腻爱分享"，和其他交通工具同时行驶于城市道路，其运营的首要任务就是保障自己和其他车辆、行人的通行安全。在交叉口，有轨电车需要有条件地"礼让"行人和车辆，还需要时刻注意路况的动态变化，以免给"不讲武德"的人或车辆带来安全隐患。所以有轨电车是非常具有"亲和力"的，这对有轨电车的运营水平也提出了很高的要求，大家在路上看到有轨电车不用感到害怕，它们是彬彬有礼的"绅士"哦！

地铁的运营直接面向大众的主要是地铁站，其他部分几乎都是"独来独往"；有轨电车的运营还与城市道路上的各个系统密切相关。如何处理好有轨电车与城市道路上相关系统之间的关系、提高有轨电车运营效率、降低对市政道路运行的影响还真是不容易。由于行驶于地面，有轨电车与城市的"亲密无间"主要体现在沿线地块的开发、交通需求、道路设施、行人换乘及过街等，运营有轨电车时对路权形式、车道布置方式、站位布置以及交通组织方案等都要斟酌再斟酌。

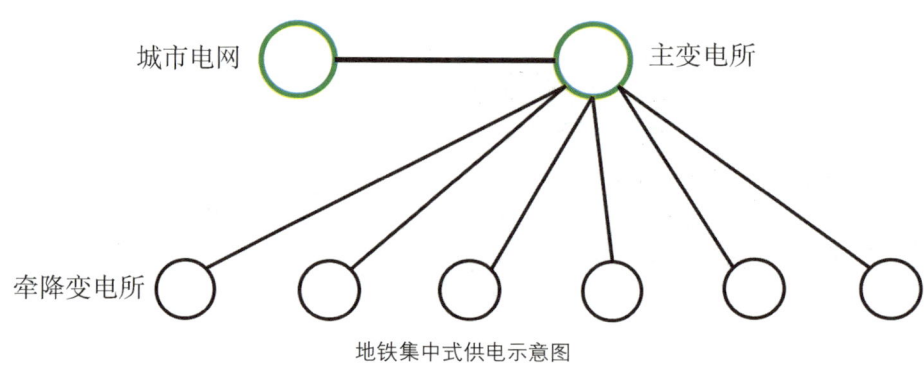

地铁集中式供电示意图

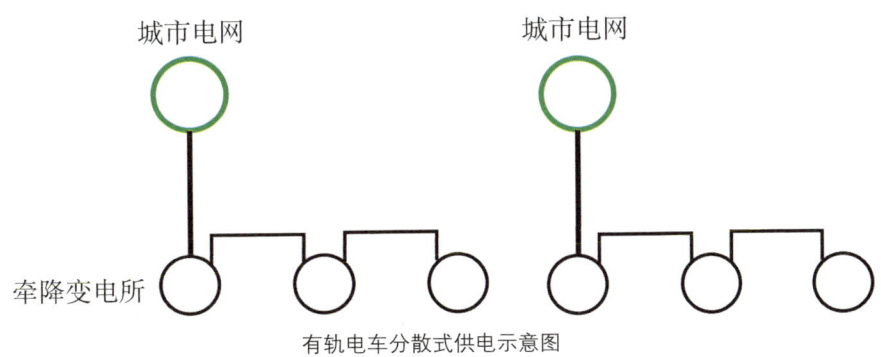

有轨电车分散式供电示意图

再来说说两者不同的供电系统。地铁有专用的大型主变电所作为动力来源,外界干扰少,供电能力强,能满足大容量用电的需求。与地铁不同,采用分散供电方式的有轨电车没有专用的主变电所,是由城市电网引来多路电源,通过自建的中心配电室和配电网络向沿线多个小变电所供电的,供电系统更简化。

6 有轨电车像公交一样运营行吗

我们穿梭于早晚高峰忙碌的道路中,看着有轨电车与公交车时不时擦肩而过,心里不禁好奇,无轨电车、有轨电车、电动公交车,这些不都是在城市道路上跑的城市公共交通工具吗,它们的运营方式是一样的吗?

它们的运营方式还是有所不同的。现代有轨电车以绿色、低碳、环保、快捷、准点、舒适等特点成为现代公共交通的重要组成部分,也可以算是一种特殊的城市轨道交通。有轨电车不同于地铁具有完全封闭独立的路权,具有造价经济、安全稳定、低碳环保等优点。通常行驶于城市道路上,路段多以专用路权为主,路口与其他交通方式共

正在通过交叉路口的有轨电车
(图片来源:上海松江有轨电车投资运营有限公司)

享路权，为保证速度和准点，它通过交通繁忙的交叉口时会享有信号优先权。有轨电车作为路面交通，也必须遵守交通安全法规。有轨电车在专用轨道上运行，线路选择上并没有常规公交车的灵活性。有轨电车和普通小汽车、公交车不同，其制动时间长、距离远，遇到紧急情况后虽然司机都会紧急刹车，但很可能无法保障刹车的安全距离。所以，有轨电车是由信号系统控制为主，人工驾驶为辅的，而公交车完全是由司机自主驾驶的，同时轮轨关系和信号系统也使有轨电车能够准点、可靠和安全地运营。公交每条线路都设有调度，而有轨电车运营的"大脑"就是整个有轨电车线网的控制中心，在这里调度线网中的电车们。我们在等公交车的时候经常会看到站台显示屏上的车辆到达时间一变再变，想必是车辆又堵在路上了吧！有轨电车总是能如期而至的，可以完全按照时刻表来运行，运行图的兑现率可是99%以上哦！

7 有轨电车是怎么动起来的

俗话说:"人是铁,饭是钢。"人每天都需要一日三餐才能保证活力满满。有轨电车也是一样需要"吃饭"的"精神小伙",有轨电车的"饭"指的是动力。有轨电车的动力有一个很长的演变过程。最早的有轨电车是用马拉的,因为铁轨与铁轮之间的滚动阻力比马车小,相当数量的马采用这种方式就可以拉更多的人,从而达到"私车"变公交的目的。而且对于那个时代的路面,铁轨相对来说颠簸可以少一些。

从运营角度来讲,畜力毕竟是畜力,是要吃饭休息还要拉臭臭的……所以聪明的人类开始尝试其他的动力。试用煤气等原料失败后,有轨电车的电气时代来临了。其实,这是随着科学技术的进步而发展起来的,它不再依靠马拉,而是在车底下加上电动机、在顶上加上受

运行中的有轨电车

电弓，利用电力前进，成本低廉、结构简单，这个优点一直延续至今。那什么是受电弓呢？它像小辫子一样，用于接受外界的能量，所以老上海人通常会叫有受电弓的车为"小辫子车"。大家细心观察就会发现，有轨电车的小辫子会一路划过像电线一样的东西，那便是接触网，上面满满都是有轨电车最需要的"能量"，通过接触网不断给受电弓提供的能量会让有轨电车一直都"元气满满"。

大部分有轨电车都是名副其实的"干饭王"，必须一刻不停地"干饭"，才能有足够的能量时刻奔跑。当有轨电车"吃饱"以后，会用获得的能量驱动它的"脚"——电机转动，最终带动轮子牵引向前。总而言之，有轨电车行驶就是不断"干饭"并运动的过程。

有轨电车按供电方式分类还有地面供电、蓄电池供电、超级电容供电和氢燃料电池供电等类型。地面供电顾名思义就是通过安装在地面的供电装置为车提供动力，而各种储能式的供电就跟我们手机用电池供电是一个概念。

8 有轨电车会触电吗

有轨电车在城市内运行,很多人会担心在有轨电车行驶过程中会发生触电的情况,路上的车与人是否会因为轨道而触电,我们乘坐的有轨电车上面是不是会触电?答案是不会,大家完全不用担心哦!

目前有轨电车的供电方式主要有三种。第一种是接触网供电,沿线每隔 40 m 左右会布置网立柱,接触网线悬挂于立柱之上,车辆通过顶部的受电弓从接触网受电驱动。这种方式带电部分的接触线高度较高,一般我们是很难触碰到的,因此该供电方式触电可能性很低。第二种是地面供电方式,一般是地面第三轨对车辆进行牵引供电,采用分区供电,只有当车辆运行到一定位置时,相应位置才会带电,因此触电可能性极低。第三种是车载储能供电,是通过车载蓄电池对车辆进行

夜间接触网检修

有轨电车车站

充电驱动,这也是很安全的供电方式。在平时,工程师们也会根据要求对有轨电车的供电系统进行维保和检修,以保证有轨电车可以安全、稳定地运行。迄今为止,我国投入正式运营的不同供电方式的有轨电车线路都安全稳定地运送着来自四面八方的乘客去目的地。

有轨电车虽然看似是带电的"皮卡丘",但实则是一个温柔安全可靠的交通使者。

9 有轨电车也看红绿灯吗

大家知道红绿灯的由来吗？19世纪初，在英国中部的约克城，红、绿装分别代表女性的不同身份。其中，身着红装的女人表示"我已结婚"，而身着绿装的女人则是未婚者。当时英国伦敦议会大厦前经常发生马车轧人的事故，于是人们受到红绿装启发，发明了红绿色信号灯。1868年，信号灯家族的第一个成员——世界上最早的煤气红绿灯——就在伦敦议会大厦的广场上诞生了。黄色信号灯的发明者是我国的胡汝鼎，他怀着"科学救国"的抱负到美国深造，是大发明家爱迪生的高徒。一天，他站在繁华的十字路口等待绿灯信号，当他看到红灯要结束时，一辆转弯的汽车呼地一声与他擦身而过，吓得他出了一身冷汗。他想，如果在红绿灯转换之间能有一个提醒，人们就会避免这种仓促带来的危险。他带着这个想法反复琢磨，终于想到在红绿灯中间再加上一个黄色信号灯用来提醒注意。于是，红、黄、绿三色信号灯即一个完整的指挥信号家族诞生了。

"红灯停，绿灯行，黄灯亮了等一等。"我们每天都要面对形形色色的交通信号灯。看到有轨电车行驶在路面上，大家一定会有疑惑，有轨电车在交叉口如何通行，是不是像铁路穿越城市道路时一样，所有车辆都停下让行呢？

其实不然，有轨电车在通过交叉口时的信号控制与道路交通信号灯的关系主要分三种情况：绝对优先、相对优先和不优先，适用于哪种情况主要取决于这个交叉口的交通流量、道路的等级和服务水平等。有轨电车通行的时候，与有轨电车同向的小汽车也是一起通行的，这是不是说明有轨电车和小汽车使用的是相同的信号灯呢？并不是这样，实际上有轨电车驾驶员需要看的信号灯就是轨道旁边亮蓝色、白色灯的信号灯，俗称蓝白灯。这个信号灯虽只为有轨电车专属，但是和道路交通的信号灯大部分时候还是"联动"的。城市道路

有轨电车信号灯

在设置信号灯的配时方案时，往往会通过智能设备，给有轨电车一定程度的优先信号，而此时，道路信号灯会配合有轨电车的信号灯，给部分方向绿灯放行，一些方向转变为红灯待行。这样的信号协同，既能够提高城市交通效率，又可保障交通安全，因此大家才能看到现在这样和谐的画面。

10 有轨电车车票怎么买

在巴黎曾有一句话:"只有游客才会遵守规则买地铁票。"法国存在大规模的逃票现象,在大巴黎地区公交网上有许多全职抓逃票的查票员。在中国,往往遇到这样的情况:有轨电车就要进站了,可票还没买呢!要赶不上这趟车啦!怎么办呢?那么问题来了:有轨电车如何买票呢?

有轨电车的站台主要是设在城市道路或开放环境中的,所以购票系统也是多样化的:第一种是和公交车站类似的站台全开放,上车后买票;第二种则是和地铁相类似的站台——除了轨行区[1]以外区域全封闭,在站台上配有自动售票机,购票后经闸机检票,或上车检票;第三种是在站台上的自动售票机买票后直接上车,有稽查人员随机查票验票。国内大多采用第一种和第二种,国外则多是第三种。在欧洲很多城市乘坐有轨电车,上车时,无论是在站台上购买的纸质车票还是办理的城市通类型的IC卡,都需要在车上的验票机器上刷一下。没有全程陪同的检票员,只是不知道在哪一站或者什么时候会有几个检票

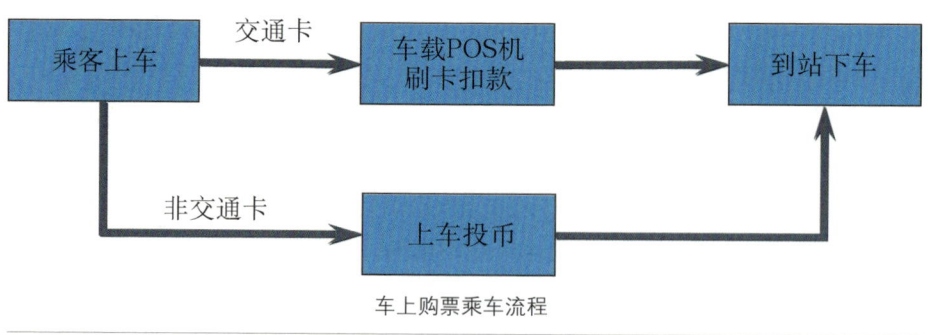

车上购票乘车流程

[1] 轨行区是轨道附近一定范围内的立体空间,包括地面空间、轨道上方一定范围内空间、轨道下方地下空间。

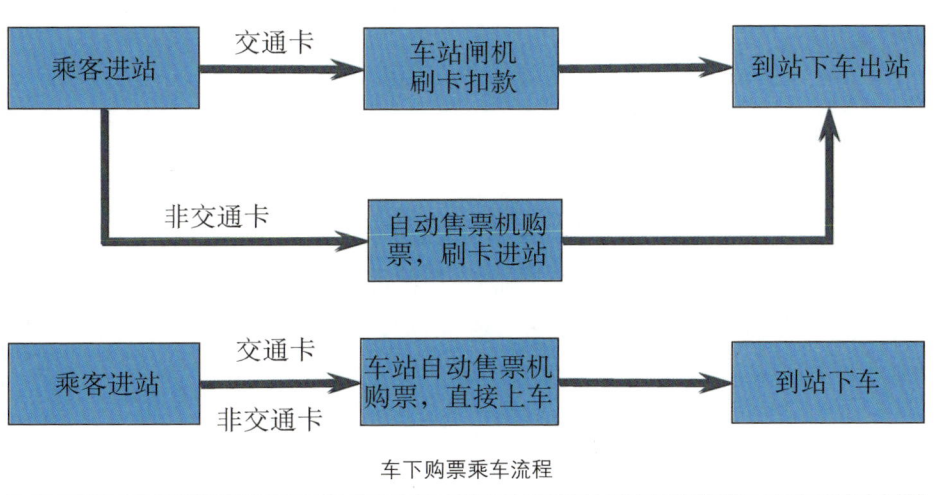

车下购票乘车流程

员等候着。

  自助售票机通常会设置在站台的出入口附近或是车站醒目位置,可以结合各自的行程需求,使用刷卡、扫码或者投币等方式购买车票,一般站台上会有巡查的乘务人员,他们都会十分热情地帮助大家购票。

11 有轨电车是统一票价吗

"上车请买票,月票请出示",这句以前公交车上如复读机一般的话,如今却已成了70后、80后上海人永远的记忆。除了月票,公交系统的历史发展中还出现过公交车票、预售票以及地铁磁卡票,一直到现在的交通卡……你还用过哪些种类的公交车票呢?

说到车票,大家有没有发现,现在公交车的票价大部分情况下是统一的,不论你从哪站坐到哪站,无论路程长短,票价都不会变化。但是地铁会根据乘坐地铁的距离长短有一定的调整,比如上海地

票价(元)	仓华路站	三新北路站(T2线)	思贤路站	文诚路站	泰晤士小镇西站	泰晤士小镇北站	龙源路站	江学路站	新松江路西林北路站	人民北路新松江路站	文汇路站	梅家浜路站	广富林路站(东华大学站)	龙马路站	松江大学城站	广富林谷阳北路站	光星路站	茸北路站	茸惠路站	中辰路站
仓华路站		2	2	2	2	2	2	2	2	2	2	2	2	2	2	3	3	3	3	3
三新北路站(T2线)	2		2	2	2	2	2	2	2	2	2	2	2	2	2	2	3	3	3	3
思贤路站	2	2		2	2	2	2	2	2	2	2	2	2	2	2	2	2	3	3	3
文诚路站	2	2	2		2	2	2	2	2	2	2	2	2	2	2	2	2	2	3	3
泰晤士小镇西站	2	2	2	2		2	2	2	2	2	2	2	2	2	2	2	2	2	2	3
泰晤士小镇北站	2	2	2	2	2		2	2	2	2	2	2	2	2	2	2	2	2	2	3
龙源路站	2	2	2	2	2	2		2	2	2	2	2	2	2	2	2	2	2	2	2
江学路站	2	2	2	2	2	2	2		2	2	2	2	2	2	2	2	2	2	2	2
新松江路西林北路站	2	2	2	2	2	2	2	2		2	2	2	2	2	2	2	2	2	2	2
人民北路新松江路站	2	2	2	2	2	2	2	2	2		2	2	2	2	2	2	2	2	2	2
文汇路站	2	2	2	2	2	2	2	2	2	2		2	2	2	2	2	2	2	2	2
梅家浜路站	2	2	2	2	2	2	2	2	2	2	2		2	2	2	2	2	2	2	2
广富林路站(东华大学站)	2	2	2	2	2	2	2	2	2	2	2	2		2	2	2	2	2	2	2
龙马路站	2	2	2	2	2	2	2	2	2	2	2	2	2		2	2	2	2	2	2
松江大学城站	2	2	2	2	2	2	2	2	2	2	2	2	2	2		2	2	2	2	2
广富林谷阳北路站	3	2	2	2	2	2	2	2	2	2	2	2	2	2	2		2	2	2	2
光星路站	3	3	2	2	2	2	2	2	2	2	2	2	2	2	2	2		2	2	2
茸宁路站	3	3	3	2	2	2	2	2	2	2	2	2	2	2	2	2	2		2	2
茸惠路站	3	3	3	3	2	2	2	2	2	2	2	2	2	2	2	2	2	2		2
中辰路站	3	3	3	3	3	3	2	2	2	2	2	2	2	2	2	2	2	2	2	

上海松江有轨电车示范线票价梯形图
(图片来源:上海松江有轨电车投资运营有限公司)

铁，最短的行程是 3 元，最长的行程需要支付十几元。那么大家就要好奇了，有轨电车的票价是哪种形式呢？现代有轨电车的票价制度两种形式兼而有之，即单一票价制和计程计时票价制。那为什么会出现两种票价制度呢？主要是因为有轨电车通常都是采用网络化运营，乘客乘坐的最远线路长度可能会达到几十千米，为了让运营公司和乘客都"不亏"，网络化运营或是线路长度较长的有轨线路就会采用计程计时票价制度。

单一票价制，即乘客乘车一次收取固定的费用，不分乘车距离远近，这种计价方式类似于公交车。我们往往会在上车或进站时检票，下车或出站时不再检票；或是全线各车站发售同一面值的车票。

计程计时票价制，即根据乘客乘坐有轨电车出行的距离和时间长短收取相应的费用，这种计价方式类似于地铁。在这种定价方式下，当我们乘坐有轨电车时，上车和下车均要进行检票。

12 有轨电车一定准点吗

当下的城市，伴随着快节奏的生活，忙碌在早晚高峰的大都是起早贪黑的打工人，你是否对早晚高峰拥堵不堪的道路有心理阴影，为连续三个绿灯都通不过一个路口而烦恼？不住在地铁站附近的你是否明明早起了 10 min 甚至半个小时，却因为公交车晚来而迟到 1 min？但若是住在有轨电车车站附近就能明显减少这些烦恼了哦！

有轨电车一般使用专用车道，并配备先进的智能信号系统，在通过交叉口时会适时采用信号优先的通行方式，极大缩短了在路口的等候和通过时间，甚至可以控制电车在每个路口的通行时间并精确到秒。当坐在私家车里等了三个红灯都纹丝不动的时候，却看到旁边两辆有

堵车
（图片来源：https://pixabay.com/zh/photos/traffic-jam-automotive-row-688566/）

轨电车呼啸而去，这样的情况再常见不过了。

每天清晨，一辆辆有轨电车从基地发车时，列车自动监控系统（Automatic Train Supervision，ATS）自动向每辆电车下达当日运行时刻表，其规定了有轨电车在每个车站的到达和出发时间，并精确到秒。ATS 系统，还可对上线车辆的位置、运行速度、早晚点状态等进行全面、实时的精准监控。如果因特殊情况引起列车车辆提前或晚点 2 min，ATS 系统上的车辆实时位置图标会自动逐级变色，提示调度人员及时合理地调整列车车辆运行速度，从而保障有轨电车准时准点运行。如淮安有轨电车运营 3 年多来，准点率达到 99.5% 以上。

有轨电车的准点率为城市的正常运转作出努力，为打工人带来便利，让人们摆脱拥挤的道路、烦扰的笛鸣，甚至还能多睡半小时，以更好的精神斗志昂扬地面对工作。赶快来尝试一下有轨电车吧！

淮安有轨电车
（图片来源：淮安市现代有轨电车经营有限公司）

13 有轨电车停站时间长吗

说起"春运"大家可能都有切身体会,那种一眼望过去都是"人头"、人山人海的感觉,既幸福又痛苦。"有钱没钱,回家过年",一直是我们中国人的春节情结,甚至有外国媒体报道,中国的春运,是每年世界上最大的迁徙。

这么多的旅客会选择不同的交通工具,不同的交通工具,比如运输路线、开车时间、到站时间、到站停靠时间等,之前会高效衔接,形成多网融合的公共交通体系。

公交车到站停靠时间一般为 20～50 s,地铁停靠时间一般约为 2 min,高铁到站停靠时间需要根据站台旅客流量的大小和车辆补给综

公交车上车

(图片来源:https://www.1tu.com/stock-images/photo-3207945894.html)

有轨电车上车
（图片来源：https://www.1tu.com/stock-images/photo-3007447993.html）

合评估确定，一般为 2～15 min，如果遇到中间需要补给的站台可能会停靠 30 min。公交车的具体到站停靠时间受司机影响较大外，高铁和地铁车辆不管停靠多长时间，都是提前制订好而且是严格执行的，不管是工作人员还是旅客都必须严格遵守。

　　有轨电车乘车方式与火车、地铁类似，每个门都可以上下客，但是不同的是，高铁、地铁上下车开门的时间是由时间表确定的，有轨电车停站时间根据站点的上下客人数，允许有一定的机动时间，一般每个站的停站时间不会少于 20 s，但也不会超过 60 s。

　　从功能方面考虑，有轨电车和公交车最像，都是地面交通。大家可能已经习惯了坐公交车时集聚在前门上车刷卡，但是有轨电车有好几个门都可以上下客，如果大家都集聚在前门，会导致停站时间的延长，影响大家的出行时间哦！

14 有轨电车站台上的到站信息准吗

人类社会在经历了石器时代、工业时代后，如今已经步入了互联网时代，作为互联网的核心，数据信息的传输沟通也变得越来越重要。如何更高效、准确、有效地将信息传达给别人是如今互联网时代的重中之重，而现代有轨电车作为新时代的产物，同样也通过自己的方式融入这个互联网时代中。

当我们乘坐地铁时，在等待的过程中为了判断地铁还有多久到站，会望向乘客信息提示牌，地铁提示牌会比较准确地反应车辆到站时间。那有轨电车运营是否也考虑到了这一点，设置了信息提示牌呢？当然有啦！为了更好地满足乘客出行需求并为其提供方便，有轨电车运营

有轨电车控制中心实时监控

管理者们可谓使出了"洪荒之力",那么他们是怎样让有轨电车提示牌上显示的时间准确无误的呢?

现代有轨电车的车身上装有专用定位设备,在有轨电车的行驶过程中,这些设备会把有轨电车的位置实时反馈到运营控制中心,再将有轨电车的位置和速度信息经过处理后转换成对乘客有用的信息,最后将其准确无误地传送到站台的信息显示屏上,比如车辆到站时间等大家都非常关心的数据。但是有轨电车行驶在道路上,和公交车一样,其行驶时间具有一定的不确定性,那该如何保证显示的时间是准确的呢?这就要依靠有轨电车的专用路权和交叉口的信号优先策略啦。加强交叉口的信号优先策略,能够保障车辆到站时间的可靠性,将误差控制在大家可接受的范围内,就能够提高大家对有轨电车的好感,进而更加愿意乘坐有轨电车啦!

15 等有轨电车需要多长时间

你是否有过因为路况原因错过高铁，在堵车中一直等待的经历？飞机、高铁正常情况下都会按照原定的时刻表运行，我们只要按照票的时间出发就行，但是公交车等待时间超过 10 min 是常有的事，一般很难有准确的时刻表，出门赶时间的话还真不敢坐公交车呢。现在我们出门可以多一种选择哦，这就是有轨电车，它能像地铁一样准时。

我们等有轨电车的时间主要取决于发车间隔，发车间隔就是一前一后两车辆从起始站发车的时间间隔。对于不同功能、不同区位的有轨电车，服务的乘客特性有所不同，对应的发车间隔也会有所不同。

双向有轨电车交汇

例如，城市核心区的有轨电车，发挥的是中运量公共交通的功能，承担着城市公交走廊上的通勤运输任务，你们在早高峰去上学或者去上班的时候是不是对时间的要求会比较高呢，希望能少等一些时间，这种情况下，有轨电车在运营设计过程中，就会以较高的服务标准设计发车间隔，也就是设置较小的发车间隔，一般早高峰最多只要等 5 min 就会来下一班车。由于有轨电车采用专用路权，同时会在交叉口采用信号优先策略，因此有轨电车的准点率是非常高的，大家可以按照时刻表出行，这样就能不会花更多时间等车啦！有时候我们也会看到一些处于景区周围，连接枢纽与景区的有轨电车旅游线，这类服务于旅游乘客的有轨电车就不需要保证非常密的发车间隔，因此，这类有轨电车通常根据旅游的人次，计算发车间隔，一般取 10～30 min 不等。

16 为什么一天中等候有轨电车到站的时间有长有短

朱自清先生的散文《春》中写道:"盼望着,盼望着,东风来了,春天的脚步近了。一切都像刚睡醒的样子,欣欣然张开了眼。"春天是希望,是生命的开始,不知你可曾发现,春天的到来有时快有时慢,不同地区入春的时间也是有快有慢的。这主要是由于不同地理位置的城市的地理环境及其受气候的影响情况不同的缘故。有轨电车的到站时间也是有快有慢的,大家在站点等待时,常常会有一种等了很久却总不见车来的感觉,尤其是遇到急事时,更显焦急万分。早上 8 点和中午 12 点等车的时长会明显不一样,难道是因为中午电车去"午睡"了吗?

有轨电车进站

等候有轨电车到站的时间长短主要是由有轨电车的发车频次决定的，有轨电车的发车频次是根据规划建设前的客流预测数据计算得出的。在客流量大的时间和区段会安排更多的车次，缩短车辆之间的到站时间间隔；但是在客流量较小的时间和区段，则会在满足客流的前提下，降低发车频次，从而节约能耗，降低运营成本。这样灵活的频次设置，就会让有轨电车到站时快时慢。

实际上，有轨电车运营会根据工作日和周末的不同客运需求，实施几种不同的运行时刻表，可以保障有轨电车准时准点到站。而车辆运行监控系统可以让控制中心监测到各次车辆的位置、速度等情况，以保证车辆顺利运营。另外，信号优先系统也很大程度上保证了有轨电车的高准点率——通过环线感应电车位置，在接近路口时发出优先请求，社会交通信号机柜根据当时信号相位进行判断，如果符合要求就开放，不符合就需要电车停车等待。

大部分的有轨电车高峰期发班间隔都控制在 5 min 左右，真正实现公交化流水发班，乘客无需"苦苦等待"，可以稍等即走。另外，车内、车站及丰富的移动 App 等提供的出行服务信息系统也将为乘客"掐表""踩点"上车创造便利条件。

虽然有轨电车来得时快时慢，但是永远不会迟到，正如春天虽然时早时晚但永远不会缺席一样。

17 有轨电车的档期是怎么排的

时间计划表,大家应该都很熟悉,平日里喜欢做时间计划的小伙伴也有许多。一份时间计划表能够让大家更清楚在接下来的一段时间内,自己将要做什么事情。其实这样的计划表无处不在,小到每天生活中我们都会按照时刻计划按部就班地进行生活:早上会早起准时上班、上学,中午到点了会去吃饭休息,到了晚上会回家按时睡觉;大到每年计划在今年什么阶段要去做什么事情,来达到什么样的效果……

21300 出库	21100 出库	20900 出库	2号线外环(下行) 20700 出库	20500 出库	20300 出库	20100 出库	车站 车次号	20201	20401	2号线内环(上行) 20601	20801	21001	21201	21401
6:02:00	5:48:30	5:35:40	5:22:50	5:10:00	4:57:10	4:44:20	大学城站	6:10:20	6:23:10	6:36:00	6:48:49	7:01:39	7:14:30	7:27:20
6:05:55	5:52:25	5:39:35	5:26:45	5:13:55	5:01:05	4:48:15	龙马路	6:06:48	6:19:38	6:32:28	6:45:17	6:58:07	7:10:58	7:23:48
6:06:20	5:52:50	5:40:00	5:27:10	5:14:20	5:01:30	4:48:40		6:06:23	6:19:13	6:32:03	6:44:52	6:57:42	7:10:33	7:23:23
6:08:30	5:55:00	5:42:10	5:29:20	5:16:30	5:03:40	4:50:50	广富林路	6:04:24	6:17:13	6:30:04	6:42:53	6:55:43	7:08:34	7:21:24
6:08:50	5:55:20	5:42:30	5:29:40	5:16:50	5:04:00	4:51:10		6:04:04	6:16:53	6:29:44	6:42:33	6:55:23	7:08:14	7:21:04
6:09:58	5:56:28	5:43:38	5:30:48	5:17:58	5:05:08	4:52:18	梅家浜路	6:02:54	6:15:43	6:28:34	6:41:23	6:54:13	7:07:04	7:19:54
6:10:18	5:56:48	5:43:58	5:31:08	5:18:18	5:05:28	4:52:38		6:02:34	6:15:23	6:28:14	6:41:03	6:53:53	7:06:44	7:19:34
6:11:47	5:58:17	5:45:27	5:32:37	5:19:47	5:06:57	4:54:07	文汇路	6:00:53	6:13:43	6:26:33	6:39:22	6:52:13	7:05:03	7:17:53
6:12:07	5:59:37	5:45:47	5:32:57	5:20:07	5:07:17	4:54:27		5:57:33	6:13:23	6:26:13	6:39:02	6:51:53	7:04:43	7:17:33
6:14:15	5:47:55	5:47:55	5:35:05	5:22:15	5:09:25	4:56:35	开元商业广场	5:55:33	6:11:23	6:24:13	6:37:02	6:49:52	7:02:43	7:15:33
6:14:35	6:01:05	5:48:15	5:35:25	5:22:35	5:09:45	4:56:55		5:55:13	6:11:03	6:23:53	6:36:42	6:49:32	7:02:23	7:15:13
6:16:19	6:02:49	5:49:59	5:37:09	5:24:19	5:11:29	4:58:39	西林北路	5:53:41	6:09:31	6:22:21	6:35:11	6:48:01	7:00:52	7:13:41
6:16:44	6:03:14	5:50:24	5:37:34	5:24:44	5:11:54	4:59:04		5:53:16	6:09:06	6:21:56	6:34:46	6:47:36	7:00:27	7:13:16
6:18:04	6:04:34	5:51:44	5:38:54	5:26:04	5:13:14	5:00:24	江学路	5:52:00	6:07:50	6:20:40	6:33:29	6:46:19	6:59:10	7:12:00
6:18:29	6:04:59	5:52:09	5:39:19	5:26:29	5:13:39	5:00:49		5:51:35	6:07:25	6:20:15	6:33:04	6:45:54	6:58:45	7:11:35
6:20:46	6:07:16	5:54:26	5:41:36	5:28:46	5:15:56	5:03:06	龙源路	5:49:04	6:04:54	6:17:44	6:30:33	6:43:24	6:56:15	7:09:04
6:21:36	5:54:46	5:36:06	5:42:06	5:29:06	5:16:16	5:03:26		5:49:44	6:04:34	6:17:24	6:30:14	6:43:04	6:55:55	7:08:44
6:24:38	6:11:38	5:57:48	5:44:58	5:32:08	5:19:18	5:06:28	泰晤士小镇北	5:46:56	6:02:46	6:15:36	6:28:26	6:41:16	6:54:07	7:06:56
6:25:53	6:13:23	5:58:33	5:45:43	5:32:53	5:20:03	5:07:13		5:46:36	6:02:26	6:15:16	6:28:06	6:40:56	6:53:47	7:06:36
6:26:51	6:14:21	5:59:31	5:46:41	5:33:51	5:21:01	5:08:11	泰晤士小镇西	5:44:41	6:00:31	6:13:21	6:26:11	6:39:01	6:51:51	7:04:41
6:28:06	6:15:41	6:00:21	5:47:31	5:34:41	5:21:51	5:09:01		5:44:11	5:57:06	6:12:56	6:25:46	6:38:36	6:51:26	7:04:16
6:29:34	6:17:09	6:01:49	5:48:59	5:36:09	5:23:19	5:10:29	文诚路	5:42:14	5:55:04	6:10:54	6:23:43	6:36:33	6:49:24	7:02:14
6:30:31	6:18:06	6:02:46	5:49:56	5:37:06	5:24:16	5:11:26		5:41:54	5:54:44	6:10:34	6:23:23	6:36:13	6:47:04	7:01:54
6:31:44	6:19:19	6:03:59	5:51:09	5:38:19	5:25:29	5:12:39	思贤路	5:40:39	5:53:29	6:09:19	6:22:08	6:34:58	6:47:49	7:00:39
6:33:34	6:21:09	6:05:49	5:52:59	5:40:09	5:27:19	5:14:29		5:52:39	5:28:09	6:08:29	6:21:18	6:34:08	6:46:59	6:59:49
6:36:07	6:23:42	6:08:22	5:55:32	5:42:42	5:29:52	5:17:02	三新北路站	5:37:50	5:50:40	6:06:29	6:19:19	6:32:09	6:45:00	6:57:50
6:36:27	6:24:02	6:08:42	5:55:52	5:43:02	5:30:12	5:17:22		5:37:00	5:49:50	6:05:39	6:18:29	6:31:19	6:44:10	6:57:00
6:38:03	6:25:38	6:10:18	5:57:28	5:44:38	5:31:48	5:18:58	仓汇路站	5:34:13	5:47:03	6:02:53	6:15:42	6:28:33	6:41:23	6:54:13
6:38:23	6:16:38	5:57:10	5:44:58	5:19:18				5:34:18	5:46:43	6:02:33	6:15:22	6:28:13	6:41:03	6:53:53
6:40:37	6:28:12	6:12:52	6:00:02	5:47:12	5:34:22	5:21:32	玉树路站	5:31:50	5:44:40	6:00:30	6:13:20	6:26:10	6:39:00	6:51:50
6:40:57	6:28:32	6:13:12	6:00:22	5:47:32	5:34:42	5:21:52		5:31:30	5:44:20	5:57:10	6:13:00	6:25:50	6:38:40	6:51:30

松江有轨电车时刻表(部分)
(图片来源:松江有轨电车投资运营有限公司)

34

可以说时间计划表与我们的生活息息相关，使我们的生活更加高效、更加有计划性。

而我们的有轨电车又是否跟我们人类一样，拥有属于自己的时间计划表呢？

答案是肯定的，小到每个小时、每天，大到每个月、每年，有轨电车的运营都是有精密详细的时间计划表的哦！

有轨电车在运营的过程中，也和我们上下班、上下学一样，每天都会按照自己的时间计划表来"上下班"，不仅如此，有轨电车每天的计划更是精确到了分钟！每个小时要发多少班的车、几点到站等，有轨电车都要严格执行，其运行准点率更是超过了95%。

在有轨电车下班之后，同样也有着保养的时间计划表。有轨电车在日常运营中行驶了固定时间后，便要进行维修保养的检查工作，以保证在日后的运营时间里，能更加安全稳定地行驶，为大家提供更好的服务。

有轨电车检修时间表

类别	检修种类	检修周期		检修时间（天）
		走行里程（万千米）	时间间隔	
定期检修	大修	90	10 年	30
	中修	45	5 年	15
日常保养	三级保养	9	1 年	7
	二级保养	2.25	3 月	1
	一级保养	0.2	1 周	0.5

资料来源：《有轨电车工程设计规范》(DG/TJ 08—2213—2016)。

18 有轨电车晚上"睡觉"吗

有轨电车会累吗?到了夜晚,也会需要"睡觉"吗?有轨电车在结束了每天的运营任务以后,也会像人们工作完以后回到自己家中,只是有轨电车休息睡觉的地方不同于人们的房屋而是车辆基地哦。

有轨电车为什么需要"睡觉"呢?主要是因为以下两方面:一方面,夜间乘客数量非常小,有轨电车主要就是在城市交通繁忙时"挺身而出",当此矛盾不突出时有轨电车车辆便会回到它的"家"休息,这样不仅能让它好好休息还能节约能耗,两全其美!另一方面,有轨电车看似是铜墙铁壁的"糙汉子",实则也是需要休息的"柔弱小姐姐",到了夜晚,无论是车辆还是轨道都需要得到维护,这就要感谢在它们"睡觉"时辛苦忙碌、默默奉献的工作人员啦,有轨电车也需要回到自己的"家"中"洗个澡",检查自己身体状况,以便于次日打起

有轨车辆"睡觉"的车辆基地
(图片来源:上海松江有轨电车投资运营有限公司)

精神，更安全可靠地工作。

　　有轨电车每天回到了"家"后，不仅可以"睡觉、洗澡"，还可以定期接受"身体检查"，以保证电车每天上路时的健康安全。车辆基地一般设置在线路的起终点位置，方便有轨电车每天的运营。作为城市公交，考虑到与城市的景观融合，车辆基地还会结合规划和周边环境建设，看上去更加美美哒。

19 有轨电车跑得快吗

高速铁路上的动车组列车速度是多少呢？我国动车组列车有两种：一种是"G"字头的高速动车组旅客列车，最高时速一般为 350 km，平均运营时速 300 km；另一种是"D"字头的动车组旅客列车，最高时速为 250 km，平均运营时速 200 km。

先要说说平均速度和最高速度的区别。因为所有车辆启动和刹车都需要时间，所以车辆在行驶过程中维持最高速度的时间并不长，那么行驶的所有路程除以用去的时间，就是平均速度了，与最高速度是两个概念哦！

地铁速度是多少呢？地铁平均速度约为 36 km/h，最高时速可超过 100 km，有的甚至达到了 120 km。比如上海地铁 16 号线设计时速最高达 160 km。

公交车的速度是多少呢？公交车一般都在市区运行，运行速度约 20 km/h 以下，最高时速主要是根据道路的限速要求来行驶：市区道路（含中环线、公交专用道）不得超过 50 km/h，城市快速路、外环线不得超过 60 km/h，郊区公路不得超过 70 km/h，高速公路行车最高车速不得超过 80 km/h。

作为一种公共交通工具，人们最关心的话题之一就是它的速度。虽然有轨电车看起来似乎比地铁、私家车慢，但在高峰期或节假日，我们的城市道路上时常会因为车多拥堵而出现车速放缓或者车辆滞留的现象，从而将总行车时间拉长。无论你是法拉利还是迈凯伦，遇上这种情况也只能缓慢前行，车速 20 km/h 都够呛，有时都不如非机动车的速度快……再看看身旁的有轨电车，此时正"呼啸而过"，纵使是顶级跑车此刻是不是也没有小电车来的风光呢？

城市中平日见到的有轨电车，一般车辆的最高行驶速度可以达到 70 km/h。由于大部分路段采用专用路权的形式，再配合信号优先的控

快速运行中的有轨电车
（图片来源：淮安市现代有轨电车经营有限公司）

制，在城市中穿行的平均速度可以达到20～25 km/h！"独门独户"的地铁平均速度也不过36 km/h。"速度之王"苏州高新区有轨电车由于采用高架和地道等立交方式，平均行驶速度可至约33 km/h，最大行驶速度约为36.54 km/h[1]。

未来，随着有轨电车辅助驾驶技术、路口安全防护技术和5G通信技术投入商用，相信有轨电车的速度将会得到更大的提升。

---

[1] 数据来源参见苏州高新区管委会（虎丘区人民政府）官网：http://www.snd.gov.cn/hqqrmzf/zwxw/202012/d26e3807a2604c59939d69bbd785e834.shtml。

20 有轨电车能开得像高铁一样快吗

城市中有许许多多的交通工具,这给我们的生活带来了极大的便利。在这些交通工具中,自行车的最高速度可以达到 10 km/h,摩托车的最高速度可以达到 30 km/h,小汽车最高速度可以达到 80 km/h,而我们的有轨电车最高速度竟然可以达到 100 km/h 呢!

城市轨道交通系统中,有一种是快速有轨电车。往往一些中、小城市的客流需求达不到建设地铁、轻轨的量级,人口经济水平也不满足国家建设地铁的要求,并且财政能力也有限,但是这些城市的居民也有远距离出行的需求,甚至一些城市需要和周边县市实现快速的联络才能促进经济发展。随着社会经济发展,人民生活水平提高,居民对高品质公交出行的需求越来越大,而在现有的城市轨道交通分类制式及政策下并没有合适的选择,这就是快速有轨电车系统出现的重要原因。

快速有轨电车系统采用最高时速达到 100 km 的车辆,通过技术手段,可使全线运营速度达到 35 km/h。要知道,地铁的运营速度一般也

交通工具对比图

只有 30～40 km/h 哦。

但是，要真正实现快速有轨电车系统，只有时速更高的车辆是不够的，还需要其他技术手段的配合。

目前国内已建成运营的有轨电车线路的站间距基本都控制在 0.5～1.0 km，可以满足 15～25 km/h 平均运行速度的要求。如需提升线路的整体运行效率，站间距应根据实际需求相应扩大，最大站间距可达到 3 km 及以上。国内已建成的有轨电车系统大多采用以地面敷设为基础（局部段采取高架或隧道），路段采取专用路权、交叉口采取混合路权的模式。此模式最大的优点在于既有交通设施的高效利用及项目总体造价的有效控制，但也在一定程度上限制了有轨电车的运行速度。交叉口平均间距对线路运行效率的影响很明显，其间距越大，则运行效率越高。因此，对于快速有轨电车系统，在路权模式上应充分利用实际地理环境及周边资源，可适当增加专用路权的占比，减少混合路权的交叉口数量，以提升运行效率。此外，在部分必要路段可采取局部高架及隧道形式，但应注意投资规模的总体控制。

有轨电车驾驶室

21 有轨电车会限速吗

我们都知道小汽车行驶在路段上是有限速要求的，根据不同的道路条件，为了交通安全，会进行不同的限速，作为交通系统中的一员，有轨电车当然也有限速要求啦。有轨电车的限速不仅会考虑道路本身的限速，还会考虑由于轨道的限制而产生的限速。

有轨电车的限速设施系统由限速标志系统和司机辅助防护系统两部分组成，其系统架构的搭建主要遵循的原则有：限速设施系统完整可靠，能够引导和辅助司机安全、高效地通过限速区段，并向乘客提供高质量的运行服务。主动防护与被动防护相结合，并留有一定冗余，以确保在特殊情况下能及时纠正错误，最高限度确保有轨电车乘客与路人的生命与财产安全。采用视认性强、识别度高、实用性好的限速标志方案。

有轨电车限速牌

22 有轨电车的运营速度受什么因素影响

2021年8月1日，在东京奥运会百米赛跑上，中国选手苏炳添以9.83 s的亚洲最好成绩成功闯入决赛舞台，他的成绩值得我们每一位中国人骄傲和自豪。

有轨电车作为城市公交体系中的"飞人"，其运行速度是不是会受到外界因素的影响呢？如果是，那又是受什么因素影响的呢？

影响城市轨道交通运行速度的因素主要有车辆技术、站间距和路权模式，快速有轨电车系统也不例外。

目前国内已建成运营的有轨电车线路，其站间距基本都控制在0.5~1.0 km内，可满足15~25 km/h平均运行速度的要求。苏州高新区有轨电车1号线及其延伸段的平均运行速度达到30 km/h以上，是目前国内运行速度最快的有轨电车线路，其线路的平均站间距为1.982 km。总体而言，如需提升线路的整体运行效率，其站间距应根据实际需求相应扩大，最大站间距可达到3 km及以上。

目前国内已建成的有轨电车系统大多采用以地面敷设为基础（局部段按需采取高架或隧道），路段使用独立路权、交叉口使用混合路权的封闭模式。此模式最大的优点在于对既有交通设施的高效利用及项目总体造价的有效控制，但也在一定程度上限制了有轨电车的运行速度。

对于快速有轨电车系统，在路权模式上应充分利用实际地理环境及周边资源，适当增加独立路权的占比，减少混合路权的交叉口数量，以提升运行效率。此外，在部分必要路段可采取局部高架及隧道形式，但应注意投资规模的总体控制。

车辆从"出生"起就有基本的运营时速，当车辆运行速度高于这个速度时便会影响行车安全。另外，对于车辆技术，也不能为了提高速度不计成本，应根据速度需求合理选择车辆技术的高低，以免造成材料浪费和经济损失。

飞驰的有轨电车

 有轨电车会堵车吗

大家经历过早晚高峰时刻堵车的情形吗？明明只剩下最后 1 km 了，车前车后都是车，车左车右还是车，连"见缝插针"想找个空隙开过去都做不到，你是否常常对这一现状无法改善而感到沮丧无力？别担心，此时此刻你最好采用公共交通出行，比如有轨电车，因为有轨电车是不会受到堵车影响的哦！

有轨电车在城市道路上行驶时，在车站和交叉口会停车或减速，路段上大多采用的是专用路权，在专用道路内，有轨电车还没有密集到可以发生拥堵的程度，大家大可放心，不会发生有轨电车堵有轨电车的问题！就算以后有轨电车的行车密度变得更高，系统也是由智能的"大脑"保障有轨电车不会堵车的。

为积极响应国家"公交优先"发展战略的号召，有轨电车建设时，

现代有轨电车运行指挥中心

现代有轨电车信号灯

沿线配备了先进的信号系统。有轨电车通过道路交叉口时，采用"相对优先"的通行方式，即当有轨电车将运行至路口时，有轨电车信号系统通过"车—地"通信向社会交通控制系统发送接近请求信号，智能交通系统收到接近请求信号后，适时调整交通信号灯的相位[①]，在保障其他车辆有序通行的情况下，让有轨电车顺畅通过，同时，有轨电车主要在专用轨道上通行，相对而言，在路口等候和通过的时间都较短，从而控制电车在每个路口的通行时间并精确到秒。另外，有轨电车岔区联锁[②]系统的高安全性和高可靠性也为有轨电车的快捷、准点提供了有力保障。

---

① 相位：一个十字路口的两个方向的直行和左转都完成后所用的时间和过程称之为相位。

② 联锁：信号设备与相关因素的制约关系，是保证行车安全的重要技术措施。（参见黄克勇、束元编著的《城市轨道交通信号概论》第99页）

有轨电车公司往往参照国内外轨道交通同行做法，结合当地运营管理实际，建立十分严格的驾驶技术规范，对电车司机驾驶电车的准点率进行实时考核和检查，司机必须严格按照时刻表运行，有轨电车的到站、开关门时间精确至秒，行驶过程中误差一般不超过 2 min，出发和到达目的地的时间必须保证准点。另外，电车运行中如遇突发情况，要在规定的时间内完成处理，时间长短取决于突发情况的分类等级：一般类型的要在 2 min 内处理完毕；遇特殊情况时，按照应急预案，快速启动处置机制，最大限度地减少对电车的运营影响。同时，电车司机严格按照全线各区段运行限速要求，及时调整电车运行速度和方式，以保障电车准时准点运行。

有轨电车驾驶员
（图片来源：松江有轨电车投资运营有限公司）

24 有轨电车会抛锚吗

我们开车行驶在路上,如果看到前面停着一辆车开着双闪灯,后面几十米摆放着一个三脚架,这大概率是汽车抛锚了。

极少看到作为公共交通的"大咖"——地铁抛锚的消息,概率非常小,可能一年都不会发生一次,那作为同样是轨道交通的有轨电车会不会抛锚呢?答案是:概率非常小。为了保障公共交通的正常运行,顺利完成老百姓的通勤运输任务,有轨电车运营公司每天都会对车辆以及线路进行检查,竭尽全力保障车辆正常运营,减少故障的发生。

俗话说"不怕一万就怕万一",即使有轨电车运营过程中出现一些故障也不用担心,有轨电车公司已经制订了详细的应急预案啦。

有轨电车供电系统检修

比如，遇到线路故障。有轨电车线路区间偶尔会因为某种原因发生故障，这样车辆就会被迫停在区间内无法开动。这个时候，大家不必慌张，因为有轨电车的调度中心会第一时间接收到故障的信息，此时专门的调度员会根据情况及时发出指令，引导有轨电车尽可能在前方就近车站或区间停车后疏散乘客。

再如，遇到车辆故障。除了线路故障以外，有轨电车的车辆也会偶尔因自身故障而在区间内停车。如果车辆可以移动，调度员可以安排事故车辆的后续车辆在后方车站清空乘客，然后在限速要求下行驶至故障车辆尾部，将故障车辆推到或拉至就近的车辆基地内，待运营结束后再将其送回车辆段进行处理。当车辆不能移动时，则立即下令司机和售票员引导乘客疏散至道路外，调拨工程车等牵引故障车辆，将故障车辆运回车辆基地。

有轨电车故障的可能性虽然存在，但是非常低，因为每天在有轨电车休息以后，都会有相关工作人员对线路和车辆进行检查，以便次日安全可靠地运行。即便在运行时发生了故障，也有充分的应急预案快速解决，所以请大家放心乘坐有轨电车。在遇到故障的情况下，保持冷静，听从驾驶员或者售票员的指令，有序疏散。

25 有轨电车安全吗

在大热的电影《流浪地球》中有一句话让人印象深刻:"道路千万条,安全第一条;行车不规范,亲人两行泪!"确实如此,任何时候安全都是第一位,尤其是对于公共交通,安全可靠的出行保障更是重中之重。有轨电车的安全性到底如何呢?

有轨电车行驶在路面上,在交叉口需要与行人、机动车混行,因此有轨电车不能说是绝对安全的交通方式,但是与公交车和小汽车相比,确实更有安全保障哦!有轨电车在交叉口可通过超速防护和闯红灯防护的控制来保护安全。

当车辆运行在弯道或视线不良的区段时,若发生超速,车辆将发出报警。其中,一级报警是声光报警,提示司机减速;二级报警是系统对车辆施加常用制动减速;三级报警则是系统对车辆施加紧急制动。

有轨电车正在安全通过路口

除了超速的情况以外，运行系统还能通过车载信号机收集前方信号灯的信息，根据信号灯状态判断车辆是否闯红灯，并进行动态限速，包括禁止限速（0 km/h）、弯道限速（15 km/h）和线路条件限速等。

通过这样的防护系统，能够很大程度上减少事故的发生，可有效防范两辆运营车辆间的正面相撞或追尾，以及车辆侧冲、超速通过道岔导致的出轨等情况的发生。

26 有轨电车可以在恶劣气候下行驶吗

下雨天,为什么容易发生交通事故呢?主要是由于水与路面上的油或泥土的混合物使路面变滑,车胎与路面的附着力减至最小,如果车辆急刹车或快速转弯,往往会造成侧翻,这是雨天行驶的最大风险之一。有轨电车是在轨道上行驶的,设计线路时,会比较顺直和平缓,不易出现急刹和幅度比较大的转弯,即使转弯通常也是四平八稳的。根据《上海市工程建设规范 有轨电车工程设计规范》,有轨电车"地面线、桥梁的雨水量应采用与该地区相同的暴雨重现期标准,并不得低于5年一遇;下穿线路的雨水量应按暴雨重现期50年一遇的标准计算"。有轨电车穿越重要地区时须采用与该地区相一致的排水重现期。因此,在刮风下雨时,有轨电车几乎不会出现积水等问题,依然能够安全行驶。

有人肯定又会问:那遇到起雾和下雪等恶劣天气时,有轨电车还能正常行驶么?起雾和下雪对驾驶员行车的影响主要有以下两个方面:一是大大降低了能见度,使驾驶员看不清前方和周围运行情况;二是由于道路上雾水和冰雪积累的油和泥土的混合物使轮胎与路面的附着力减小,车轮容易打滑,从而使制动距离增加。不过,在这种天气下,有轨电车行驶区间内是完全可以正常行驶的,车速也是可以严格把控的。当然,这个时候驾驶员的驾驶技术也很重要,有轨电车驾驶员须经过严格培训并通过考试后才能上岗。而且,有轨电车配备先进的照明系统和除雾、除雪装置,在恶劣天气下行车时,驾驶员会开启特有的防雾灯或近光灯等照明系统,给驾驶员自己与周围其他交通参与者提供清晰的能见度,以看清前车或前方情况。此外,驾驶员遭遇雾天时会将挡风玻璃、头灯及尾灯擦拭干净后再开车,保证行车的绝对安全。因此,在恶劣的环境下,有轨电车依然能平稳安全地行驶。

风雪中的有轨电车
(图片来源:淮安市现代有轨电车经营有限公司)

27 夜行的有轨电车安全吗

黑夜总是会给人带来一种不安全的感觉。人们日常也是日出而作、日落而息，白天阳光充足、视野明亮。有经验的老司机都知道，白天驾车和夜晚驾车有着天壤之别，夜晚视野不足，驾车时要更加小心，必要时应降低车速。那么有轨电车是否会因为在夜晚行车而变得不安全了呢？

不会哦！有轨电车身处开放的道路系统中，车辆靠司机进行驾驶和控制，但是有轨电车的整体运行情况、设备状态等主要还是由控制中心负责监测，从而对运力、运能进行调配。调度系统根据车辆运行图对车辆进行管理，通过 GPS 系统探测车辆所处位置，监控车辆运行

夜行的有轨电车
（图片来源：https://pixabay.com/zh/photos/street-travel-city-train-tram-3134799/）

夜行的有轨电车车站
（图片来源：https://pixabay.com/zh/photos/tram-stop-foggy-dawn-gothenburg-6850496/）

情况及整个管辖区域内线路状况，并实时更新车站的旅客信息系统，与运行车辆采用数据或无线电话进行通信。系统通过干线无线设备连接到运行控制和行车调度系统，所以，有轨电车本身的运营控制系统大大提高了运行的安全性。有轨电车夜间行车和小汽车夜间行车一样，会有车灯探路而且有轨电车的车灯比小汽车的车灯更加"火眼金睛"，同时有轨电车车厢内的灯也会使它在夜间道路上十分明显。因此，在夜晚，有轨电车很容易被人眼"捕捉"，不会存在行人和小汽车看不到有轨电车的情况。除此之外，有轨电车站台的灯光设计加上有轨电车车身的流线型设计，会使有轨电车夜间行驶在城市道路中央时形成一道非常靓丽的风景线，成为城市夜景中浓墨重彩的一笔！大家有机会一定要去欣赏一下国内外城市的有轨电车夜景，相信大家会为它深深着迷！

28 当有轨电车遇上了不讲"武德"的汽车司机

有轨电车在运营过程中也会遇到不讲"武德"的汽车司机，因为不讲"武德"的汽车司机的"偷袭"，原本行驶在自己轨道上无辜的有轨车辆就会遇上被撞、熄火、出轨这些无妄之灾。一旦遇上这类事故，通常会由有轨电车的控制中心以及现场司机共同判断事故等级，按严重程度分为轻微事故、一般事故和重大事故三类，区别应对。

轻微事故是指可以适用交通事故快速处理程序的事故。事故发生时会由调度中心发出指令通知司机采用轻微事故快速处置方法，让事故双方自行撤离轨道，并拍照保留现场状况，确保线路正常运营；同时调度中心将前方的事故状况通知后续车辆司机，让其注意瞭望，控制车速，防止有轨电车的追尾。

一般事故是指需要警察到现场判令责任的事故。事故发生时调度中心会报警报告事故情况，请求警察到事故地点现场处理，同时命令司机开启车辆双闪灯，调整后续车辆间的运行距离及发车间隔，待事故处理完毕后再恢复正常运营。

重大事故是指发生有轨电车出轨、追尾或有轨电车与其他车辆相撞等有重大影响的事故。调度中心应立即拨打报警电话报告事故情况，请求警察到现场处理；在命令司机开启车辆双闪灯的同时，通知维修人员赴现场协助事故车司机处理事故现场；调整后续车辆间的运行距离及发车间隔，部分区段可能会中断运营，在各个车站发布相关信息，视情况采取临时交路组织运营，待事故处理完毕后再恢复正常运营。

当有轨电车遇上了不讲"武德"的汽车司机

"受伤"的有轨电车车辆

29 有轨电车怎么避免受伤

大家都知道，不少豪车车价高，维修费用也不低，一旦出现交通事故它所带来的维修费用是非常昂贵的，其报价真是让人直呼不敢相信，难怪不少人在跟豪车发生事故后都会说："这下要卖房赔偿了。"我们的有轨电车车辆价值堪比劳斯莱斯，也是千万级的豪车，其维修成本也不低哦！因为有轨电车是严格按照轨道线路来运行的，并且受控于城市道路交通信号设施，因此只要我们都严格遵守交通法规，就可以避免有轨车辆被碰撞的情况。

那么哪些情况下会发生碰撞呢？我们又要注意什么呢？第一，左转机动车不要抢行。一般在有轨电车运行初期，私家车会因为不适应交通环境改变而抢路与有轨电车相撞，引发交通事故。因此在有轨电

有轨电车和其他车辆发生碰撞

车途经平交路口时，我们应按照交通信号灯行驶，注意让行有轨电车。第二，其他车辆在有轨电车运行区域行驶时，要注意不能随意进入有轨电车专用路段，并与电车保持安全距离；此外，严格禁止在有轨电车运行区域内停放车辆。第三，轨道内不要有石头、金属等异物。向有轨电车运行区域抛扔杂物，尤其是硬质物体，如石头、金属等，都可能酿成事故。第四，其他车辆高度超过 4.5 m，就可能会刮碰到高压线导致触电。货车、渣土车等车辆通过有轨电车路口时要注意高度，应当绕行有轨电车路线，以免刮到电线，发生触电，进而造成电路损坏。

30 有轨电车车站有屏蔽门吗

有轨电车要不要装屏蔽门的相关讨论一直都存在，大家可能觉得毕竟是轨道交通，没有屏蔽门会很危险，但是事实上有轨电车与地铁有比较大的区别。有轨电车的车站在路面上，有别于地铁车站完全封闭的情况，它更类似于公交车站，是开放式的，不仅更方便周边居民，也更能和周边道路等城市环境融合。若安装了屏蔽门，也会直接导致建设成本和运营成本的增加。因此，有轨电车的车站大多不安装站台屏蔽门。有时，为保证乘客的安全，也会在站台增设安全护栏，以防止客流拥挤时发生意外。

其实除了屏蔽门还有一些可以保障乘客安全的方法。比如，为确保站台上候车乘客的安全，可以在站台上喷涂类似高铁站台上的黄色警示

有轨电车站台

线，还可以在有轨电车进站之前，站台广播设备自动提醒候车乘客"车辆要进入车站啦"。此外，有轨电车进站前会将速度降到 20 km/h 以下，并要求电车司机密切观察站台乘客是否闯入有轨电车行驶的范围。当然，在此也提醒各位小朋友及小朋友的父母，在站台范围内一定不要互相打闹，以免不小心进入有轨电车行驶的范围内，造成不必要的安全隐患哦！希望大家都能安安全全乘有轨，快快乐乐回家去！

有轨电车的车站形式都一样吗

31 有轨电车的车站形式都一样吗

　　有轨电车车站设计主要是从功能上考虑的，一般有轨电车车站设置在路面上，跟行人和其他车辆的交互影响比较多，因此，有轨电车的车站如何设置、采用哪种形式都是很有讲究的，不只要考虑道路宽度、施工难度等技术条件，乘客进出站、路口其他车辆与有轨电车的相互影响也是设站重点考虑的因素。有时候在满足功能上的需求后，还需要在造型设计上考虑一些文化、民风民俗的因素。因此，在有轨电车的设计过程中，针对不同的交通环境、客流量大小以及当地的传统文化，需要设计不同形式的有轨电车车站。那我们先来一起认识一下都有哪些类型的车站吧！

　　有轨电车车站根据站台与线路的相对关系可分为岛式站台和侧式站台，具体又分为岛式车站、对称侧式车站和分离侧式车站三类。

　　什么是岛式车站呢？顾名思义，就是像小岛一样的车站。对称岛

松江有轨电车岛式车站

松江有轨电车对称侧式车站

式车站的特点是站台布置在两条线路之间,且对称布置,两边线路将车站合围,看起来像座小岛一样。大部分地铁线路也都是岛式车站哦。

岛式车站的优势是什么呢?一般来讲,岛式车站的站台面积相对较大,所以能适应比较大的客流。而且,所有方向都共用一个站台,因此大家进站的时候不需要提前辨认方向,可以直接进入站台等车,而且连接天桥或地道和换乘也会更方便哦!而岛式车站的劣势同样也是因为站台比较大,会影响道路断面布置,对道路条件的要求会比较高。一般我们会在客流量比较大的交通干道布置岛式车站,尤其是有中央绿化带且绿化带较宽的道路。

对称侧式车站的站台布置在两条线路外侧,呈对称形式布置。其优势在于线路比较顺直,劣势在于设站位置占用道路较宽,乘客需辨别乘车方向,较难与过街设施结合,与岛式车站相比,需适当增加一些设备与设施。对称侧式车站适用于客流中等、道路较宽的交通环境。

分离侧式车站的站台布置在两条线路外侧，且将上、下行站台分开布置于路口两侧，这是我们最常见的车站形式之一。其优势在于可以最大化地利用路口空间，道路较窄时可保证小汽车通行基本不受影响；劣势在于站台宽度有限，乘客需辨别乘车方向，换乘困难，与其他类型车站相比，需要增加较多的设备与设施。分离侧式车站适用于道路条件有限且需要布置紧凑的路段。

 有轨电车站台的小秘密

有轨电车站台可是有很多贴心的小秘密哦!

如果站台在路侧,乘客可以从路边步行道上到达站台;如果站台在路中,有三种方式可以到达站台:第一种是地面方式——乘客经过斑马线(人行横道线)到达站台位置,第二种是天桥方式——乘客经过人行天桥到达路中站台位置,第三种是地道方式——乘客经过地下通道到达路中站台位置。采用天桥和地道方式,乘客虽要上下楼扶梯,但是完美结合了繁忙路口的立体过街需求呢!

松江有轨电车站台

有轨电车站台的小秘密

淮安有轨电车板闸站站台

乘客从站台上下车的便利程度主要取决于有轨电车车辆地板的高度，以及车辆地板与站台面的水平距离。目前现代有轨电车车辆大部分都采用低地板车辆，也就是车厢内地板高度≤350 mm 的车辆，而地铁车厢内地板高度通常在 1 m 左右。因为相应站台的高度一般为 300 mm，使用低地板车辆可以保证车厢内地板比站台面高不了多少（50 mm 内），或者基本在一个水平面上，这样乘客只需要跨过车辆与站台的间隙即可上下车，对残疾人、老人、儿童都非常方便。如果采用了高地板的车辆，可以在车门口设置浮动踏板，方便乘客上下车。

另外，站台边缘和车门边缘间距也很小，仅为 50 mm，乘客可以很方便地跨过，但是还是需要注意脚下，避免脚部卡到站台和车辆间隙中。

33 乘客如何在路中的有轨电车车站上下车

有轨电车作为城市公共交通的一员,它承担着安全可靠、高效运载乘客到目的地的重任。在运载乘客过程中,到站后如何上下车是必然需要考虑的。有轨电车站台按与道路的相对关系分类,主要有路中式、路侧式和单边路侧式。有轨电车站台为路侧式和单边路侧式时,通过的车辆和行人很少,因此乘客上下车比较安全方便;但是当有轨电车站台为

乘客上下车

乘客如何在路中的有轨电车车站上下车

路中式时，乘客如何上下车呢？乘客上下车是否有危险呢？

请收起你的担心，放心乘坐！有轨电车和地铁一样都是双侧开门的车辆，若站台位于路中，有轨电车停靠在站台时会打开背离行车一侧的车门，将乘客安全地放到站台上然后优雅离开。有轨电车的站台设计也颇有一番小心机。为了让乘客的乘车体验更加舒适，有轨电车的站台和车厢地板都是平高的，从车厢走到站台上，不会有不适感，也方便老人、儿童安全上下车，简直是"高端、大气、上档次"。并且，有轨电车的车站虽然设置在路中，但一定会延伸到交叉口人行横道线处，甚至在人流量较多的车站还会设置人行过街天桥呢。这样，我们乘坐有轨电车时就可以安全地上下车啦。

路中式站台上下车终究还是不方便的，于是就有人要问了，有轨电车为什么要选择设置在路中呢？

大部分有轨电车采取的是路中式。主要原因是敷设在路中的有轨电车运行受到的干扰比较小，换句通俗的话说，有轨电车沿路中行驶不受路边的车辆、小区出入口、行人出入的影响，速度比较快，能够更大程度地保障准时准点。因此，路中的敷设方式具有运行速度快、无干扰、准时准点等优点。

干扰交通专用道的因素[①]

	行人	出租车	单位进出车辆	支路转弯车辆	进口右转弯车	进口左转弯车	支路右转汇入主线车辆	支路右转汇入主线车辆
路中式	是	否	否	否	否	是	否	是
路侧式	是	是	是	是	是	否	是	否

[①] 表格参考"今日蒙自"公众号绘制，网址：https://mp.weixin.qq.com/s/0Yt5awtOYsraKeEiAZw7mA？

34 有轨电车怎么转弯

有轨电车的驾驶室中没有方向盘,那有些朋友可能就要发出疑问了:有轨电车怎么转弯呢?其实,有轨电车在行驶方式上和小汽车不太一样哦。有轨电车和常见的火车、地铁等交通工具转弯方式相似,它们转弯是通过轨道转向来实现的。有轨电车的车轮行驶在钢轨上,车轮和钢轨紧密地拥抱在一起,在需要转弯的地方,轨道弯曲引导车轮向着轨道变化方向前行,同时有轨电车车轮被铁轨强大的推力推着向转弯的方向行驶。

不仅如此,有轨电车在城轨中也属于"弯道之王",相较于地铁更加灵活。因为它拥有独立轮对这一"宝藏"技术,可以让左、右轮子速度不同,更加全能地进行小曲线转弯,这样就能让有轨电车完美通过小半径弯道,自由地在繁忙的城市中"乘风破浪"!

有轨电车正在转弯
(图片来源:上海松江有轨电车投资运营有限公司)

35 有轨电车通过路口和转弯时对大家有影响吗

"桥归桥，路归路"，我们可以用这句话来说说有轨电车的运行。有轨电车是严格按照轨道线路来运行的，并且受控于城市道路交通信号设施，因此通过路口和转弯时并不会对其他车辆及行人有影响，它和其他车辆是遵守同一套交通规则的。

有轨电车看起来可能是个"庞然大物"，但是在过交叉口时，只要行人和其他车辆遵守交通规则，有轨电车对行人和其他车辆就不会产生威胁。为了确保其他车辆通过交叉路口时的通行安全，每个路口都增设了黄色网格线，这和我们常见的路口禁停黄色网格线相同，这些区域内禁止停车，而红色区域边缘代表有轨电车交通安全限界[①]，也就是说，其他车辆只有在红灯时进入该范围内的情况下，才有可能与有轨电车发生碰撞和剐蹭。

除了其他车辆，行人和非机动车也会通过路口，在此想认真提醒行人和驾驶非机动车的朋友们，千万不要为了抄近路而违规横穿轨行区，甚至在轨行区内行走、停留，这些都是非常危险的行为，因为轨行区就是有轨电车行驶的区域。所以行人和非机动车通过有轨电车行经的路口时，一定要选择走斑马线，根据有轨电车信号灯（与道路交通信号同步）指示快速通过轨行区，切勿在轨行区内逗留，牢记"一站二看三通过"的原则。有轨电车司机经过了严格的培训，同时有轨电车在经过交叉口时有严格的速度限制，因此大多时候都能够及时识

[①] 上海申通地铁集团有限公司编著《城市轨道交通工程技术规范》中所述的"车辆限界"指：车辆在平直线正常运行状态下所形成的最大动态包络线。按列车运行区域，分为区间车辆限界、站台车辆限界及车辆基地内车辆限界。

别特殊情况,并做出紧急处理,虽然有轨电车车辆在交叉口对行人和其他车辆是非常"礼貌"的,但还是希望行人和小汽车驾驶者讲文明、守交规,不闯红灯,不要随意进入轨行区哦。

有轨电车转弯

36 有轨电车是如何实现掉头的

大型消防车的车长大约为 10 m，我们普通的车行道路宽度是 3.25~3.75 m，它的转弯半径需要 12 m，也就是说，消防车掉头的时候需要在地上画个 12 m 半径的圆，常规的单行车道不能满足消防车的通行需要。而常规有轨电车大约 35 m 长，又是在城市道路上开行的，那它掉头的时候岂不是转不过来了？这样一想，天啊！有轨电车掉头也太难了吧！

其实，有轨电车并没有"掉头"一说，有轨电车和地铁、高铁、火车一样，根本不需要转弯掉头，我们称之为折返，主要是因为它的两头都有司机驾驶室，准确地说，是人掉头而不是车掉头。当需要调换行驶方向时，司机换到另一头的驾驶室即可。

有双头驾驶室的有轨电车
（图片来源：松江有轨电车投资运营有限公司）

有轨电车是如何实现掉头的

有轨电车到达终点站之后，会进行"换向折返"，顾名思义，就是车折回来开。我们先来看看原理，"中国铁路之父"詹天佑，他设计的"人字形铁路"是铁路折返线的基本类型之一，就是让机车在变换轨道后反向前行，相当于"掉头"。现代车辆无论是有轨电车还是地铁、高铁抑或是火车折返大多是采用双车头轮流换向牵引的方式。即车辆有两个头可以在"人字形线路"进行折返。车辆从上一个方向的轨道1进入，经过道岔（是一种使轨道车辆从一轨道转入另一轨道的线路连接设备）转换到轨道2后再经过道岔转换进入轨道3，此时可以停车上下客，然后司机换到车辆另一头的驾驶室，就可以直接在轨道4向另一方向开行啦！

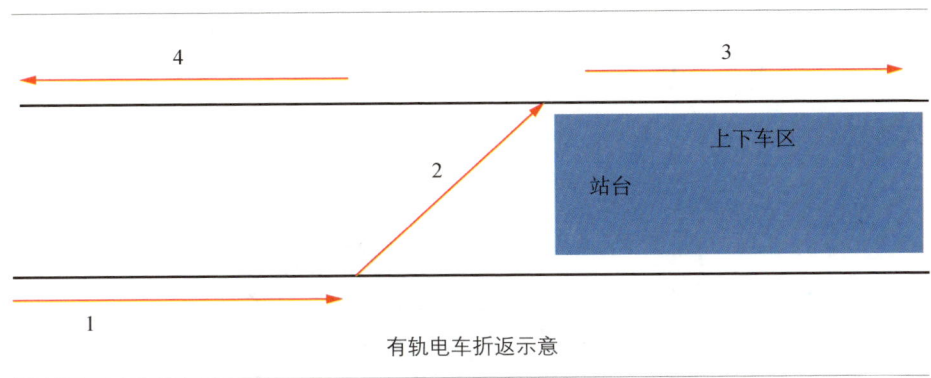

有轨电车折返示意

37 有轨电车如何换轨道开行

如果有轨电车只能在一条线路上行驶，那么我们将会在城市中看到，有轨电车轨道像水波纹一样由城市中心向着城市边缘散开，而轨道和轨道之间只能使用其他交通工具到达，但事实并不是这样的。轨道可以实现互通！并且，只要线间距一样，行驶在轨道上的车辆是可以转换至其他轨道上运行的。

只要轨道互通，有轨电车是可以开到另一条线路上去的。这里给大家科普一个小知识，有轨电车是通过一种叫"道岔"的装置改变线路的。道岔是一种使轨道车辆从一股道转入另一股道的线路连接设备，也是轨道的重要环节之一，通常在车站铺设。有了道岔就可以充分发挥线路的通过能力。因此，道岔在有轨电车线路上起到了重要作用。

有轨电车轨道道岔

38 谁在控制有轨电车的"方向盘"

大家还记得之前提过有轨电车没有方向盘的事吧,还记得前面介绍了有轨电车如何掉头吧,他们都涉及了一个重要的部件——道岔,相信聪明的你们一定看懂了道岔是怎么承担起有轨电车"方向盘"这一重要任务的。那你们不好奇这个不在电车上的"方向盘"是谁来控制的吗?

在网络化运营的有轨电车线网中,有很多条交路,运行着很多车辆,但轨道就那么直直的两条,万一一不小心,搞错方向了,你也往这走,我也往这走,那可怎么办呀!咱们是怎么控制它的呀?其实有轨电车有个类似大脑的系统控制着呢,各个"方向盘"错不了!理论上,只要把道岔的位置扳对了,车辆进入正确的股道或者通过车站是

有轨电车在道岔处转弯

没有问题的。但是，人工操作实在是没有办法保证每次都扳对，即便是采用机械的方法，也不能保证其不出故障。而道岔一旦没有扳到位，那么车辆经过道岔的时候，很容易发生脱轨事故。如果道岔扳错了方向，就会导致车辆进入错误的股道里面，而错入的那条股道上有可能有别的车辆停放，也有可能正在接应对面开来的车辆……因此，要千方百计地保证车辆不能入错道，轨道人就发明了"联锁"这种东西。

就比如说，车辆要从某个方向接入，在车站的 1 股道停车，那么车站的值班员就会在联锁系统里面下达排列进入 1 股道进路的指令，然后跟这个指令相关的道岔就开始转换，将所有相关的道岔都转换到开放至通向 1 股道的方向，系统会自动检测道岔是不是都扳到位了，如果道岔全部扳到位，那么系统将开放防护这条进路的信号，示意车辆可以进入。同时，封锁与这条进路有冲突的其他进路。

总之，在联锁规则的约束之下，可以保证车辆在车站里面所经过的进路，在同一时间是不冲突的，是可以避免车辆相撞的。

另外，有轨电车的道岔由道岔控制系统统一进行安全控制，实现道岔区段、进路表示器、轨道区段之间正确的联锁关系及进路控制安全。

39 有轨电车会"出轨"吗

银河系中的星球都有属于自己的轨迹,比如水星是离太阳最近的一颗行星,但它无法脱离自己的轨道,也无法再接近太阳。如同水星一样,世间万物都有自己的规律,在自己的轨道上运行着,有轨电车也是如此,车轮和轨道就像水星和太阳,它们密不可分,轮与轨接触运行着。

有轨电车槽型钢轨

有轨电车会"出轨"吗

有轨电车运营线路上采用的钢轨并非大多数轨道交通使用的"工"字钢轨,而是采用的一种特殊的新型钢轨——槽型钢轨,我们又称它为"酒杯形"钢轨。这种钢轨目前广泛应用于有轨电车系统中,是一种城市轨道交通较普遍使用的专业轨道,结构与普通钢轨相比而言较为特殊。这种钢轨不但可以与城市道路齐平,还可以使车轮在行驶的过程中如同放到一个深槽中,既不会向左脱轨,也不会向右脱轨,大大减小了有轨电车出轨的可能性。因具有结构特殊、断面复杂、技术含量高、乘坐舒适等特点,槽型钢轨便有了"轨中之王"的美称。其实有轨电车采用钢轮钢轨制式更加有利于防止脱轨事故的发生,因为有轨电车虽说是行驶在城市道路上,但真正依靠的是稳定的轮轨关系,极少会发生轮脱轨的现象。一般只有在非常特殊的意外情况下,有轨电车才会发生脱轨的情况,而这种情况又多是发生在转弯半径非常小的车辆基地内,事故发生后也能很快被解决。除此之外,有轨电车的线路末端还会设置停车标志、车挡[①]、安全线等措施防止有轨电车冲出轨道。所以大家可以放心乘坐有轨电车!

---

① 车挡指专门用于防止轨道车辆驶出线路末端的安全防护挡车装置。

40 有轨电车的运营会占用道路资源吗

如果没有公交车专用道，我们起个大早乘上公交车却依旧迟到的情况屡见不鲜。因此，为了让大家避免因道路不通畅而迟到，公交车专用道应运而生，这使公共交通的运行效率有了很大的提高。

在现阶段，有轨电车和小汽车之间在道路资源这个问题上的矛盾是建设有轨电车时不得不考虑的问题。建设有轨电车的初衷是通过有轨电车这样的高品质公交，引导乘坐小汽车的居民越来越多地选用有轨电车、地铁这样的高品质公共交通工具，但如果现阶段不考虑如何缓解有轨电车和小汽车的矛盾，既不利于有轨电车的推广，也不利于公共交通系统的全面发展。普通公交车长一般为12～18 m，国内现有公交车大多定员130～180人。有轨电车车辆长约32 m时最大载客量可

有轨电车专用道（1）

有轨电车专用道（2）
（图片来源：松江有轨电车投资运营有限公司）

以达到约 400 人，折算成公交车 16 m 的载客量仍能超出 BRT 约 40%。从运量上说，有轨电车和普通公交不属于同一量级的交通工具，同样占用 1 根车道的情况下，有轨电车可以运送的乘客数量远大于小汽车和普通公交。因此，并不能片面地说有轨电车采用专用路权就是占用了道路资源。目前国内的有轨电车在设计时为适应复杂的交通环境和大车流量，一般还是会通过"占一还一"及共享道路等方式缓和有轨电车和小汽车的矛盾。"占一还一"就是说如果有轨电车的建设需要占用 2 根机动车道，那么在一些道路条件比较有限的路段，比如双向两车道的路段，建设有轨电车后，考虑通过拓宽等方式增加机动车道，保障机动车的通行效率。道路资源是公共资源，并不是小汽车的专属资源。或许过去大家已经习惯了道路资源分配给小汽车，但是随着城市化的逐渐加深，交通矛盾日益突出，大家已经意识到如果道路资源继续优先分配给小汽车，那么城市的拥堵和污染问题只会越来越严重。因此，公交优先政策现在已经被很多城市大力推广，在未来，道路资源将会更进一步地向公交车、BRT 以及有轨电车这样的公共交通方向倾斜，因为公共交通的运输效率远大于小汽车。引导更多的人选择公共交通出行，才是缓解城市拥堵的根本方法！

41 有轨电车运行后可以改善交通拥堵吗

交通是否拥堵跟人们的出行方式有关系，人们的出行方式也是随着时代的改变而改变的。要回答"有轨电车运行后是否可以改善道路交通拥堵"这个问题，我们必须了解有轨电车的使命。1879年，德国工程师维尔纳·冯·西门子在柏林的博览会上首先尝试使用电力带动轨道车辆。此后俄国的圣彼得堡、加拿大的多伦多都进行过开通有轨电车的商业尝试。路面电车在20世纪初的欧洲、美洲、大洋洲和亚洲的一些城市风行一时。但是随着私家汽车、公共汽车及其他路面交通在20世纪50年代起的普及，不少路面电车系统于20世纪中叶陆续拆卸。路面电车网络在北美、法国、英国、西班牙等地几乎完全消失。

20世纪70年代以来，以汽车为主导的交通模式所带来的问题日显严重，如能源危机、环境污染、土地紧缺、交通拥堵等问题，这迫使欧洲发达国家重新将大容量的轨道交通作为发展城市公共交通的重点。但中小城市无法负担地铁的巨额投资，于是现代有轨电车在欧洲中小城市应运而生。现代有轨电车应用以来，以其便捷性、舒适性及美观性受到市民和政府的肯定。在1978—2005年间，欧洲有数十座城市发展了现代有轨电车。现代有轨电车作为城市新兴的一种先进的公交方式，已完成了从传统到现代化的转变，在世界范围内普遍推广，充满了光明的前景。

近年来，中国现代有轨电车又开始快速发展。有很多人质疑有轨电车的存在非但没有缓解交通拥堵反而加重了堵车的情况，其实不然，政府修建有轨电车就是提倡大家选用公共交通出行，减少私家车上路行驶，从而改善交通拥堵，改善环境污染。

有轨电车是否会造成交通拥堵要分不同的情况。由于有轨电车至少占用两条车道，如果现有车道不增加，那么其他汽车能使用的车道数目将减少。但是，建设有轨电车的目的就是让更多开私家车的人去坐有轨电车出行，如果开通有轨电车后，大家都去坐有轨电车上下学、上下班、出门购物、旅行等，那么道路交通就不会更加拥堵了。为了不让道路交通更加拥堵，在道路两侧足够宽的条件下，可以通过占用两侧的绿化带或者非机动车道拓宽道路，保证机动车道数较原来的不减少。除此之外，还可以对有轨电车进行网络化运营，研究和采用如今流行的"共轨建设、网络运营"，使有限的道路提高运用率。

井然有序的交通系统

 当有轨电车遇上大客流

　　大家有没有见过跨年夜上海的南京东路步行街？在国庆等节假日，地铁 2 号线会关闭南京东路等部分地铁站点，这都是为了应对突发的大客流情况，避免轨交站点的瘫痪。地铁站点往往有较大的地下空间容纳大客流，而有轨电车的站点一般设置在道路中间，不像地铁站点有更大的空间，那么有轨电车遇到大客流时应该如何应对呢？

　　首先，有轨电车的车辆配置和站台规模都是按照初、近、远期大约 20 年的范围进行模型计算分析后再预测的客流量来设计的。所有的车站都是按照高峰时段的最大进出站客流量设计的，同样，车辆的发

松江有轨电车高峰时间乘客有序出站

车间隔也会根据客流变化进行调整。所以大家大可放心，有轨电车是可以应对大客流情况的！

在实际运营中，由于有轨电车站台通常设置在开放空间，所以为了保证站台秩序和乘客安全，当进站客流达到高峰时，站点将启用导流围栏、软隔离等临时限流措施；当出站客流较集中时，将通过增设移动闸机、手持刷卡设备、人工集中收取二维码纸质票等方式，加快进出站速度。另外，有轨电车公司还将在会出现大客流的重点站台增派现场工作人员以维持站台秩序，疏导乘客有序上下车，同时也会通过调派公交短驳的方式来疏导激增的大客流。

所以大家在遇到大客流的时候千万不要急，跟随工作人员的引导进行疏散即可。

43 有轨电车能装多少人

现代有轨电车主要采用 100% 低地板，车辆中还带有悬浮模块，可供乘客乘坐的空间与普通公交和地铁相比较为宽敞，乘坐舒服感强。有轨电车的载客量可按不同的站立标准来计算，一般情况下我们是以 5 人 /m^2 和 6 人 /m^2 两种站立标准来考虑的。

目前运营的有轨电车主要以 3 模块、4 模块及 5 模块为主，车辆长度通常在 28.3～37.5 m，这主要是根据运营线路的客流需求决定的。

有轨电车内部

且可根据编组形式灵活扩展，目前最长编组可达两辆 5 模块车辆联挂。现在普遍用的 4 模块和 5 模块的有轨电车，额定载客能力约为 300 人。

3 模块有轨电车：车辆总长度约 35 m，各个模块采用等长设计，定员约为 260 人，可通过 25 m 的小半径曲线，最高运行速度为 70 km/h，客室入口地板面高度 345 mm。

4 模块有轨电车：车辆总长度约 36 m，各个模块采用等长设计或不等长设计，定员约为 300 人，可通过 25 m 的小半径曲线，最高运行速度为 70 km/h，客室入口地板面高度 350 mm。

5 模块有轨电车：车辆总长度约 35 m，各个模块采用不等长设计，定员约为 300 人，可通过 19 m 的小半径曲线，最高运行速度为 70 km/h，客室入口地板面高度 350 mm。

 有轨电车上路运营需要车牌吗

当你走在城市中，看见川流不息的人群和车辆，你是否注意到了每个小汽车都有属于他们的车牌呢？

在全球多数国家的法律中，任何在公共道路上行驶的车辆都必须悬挂车牌，对于车牌的尺寸、字体大小和颜色都会有严格的规定。车牌是对车辆的编号与信息登记，通过车牌可以知道该车辆的所属地区，也可根据车牌查到该车辆的主人及该车辆的登记信息。

《中华人民共和国民法典》在机动车交通事故责任的相关规定中，对"机动车"的定义主要依据道路交通安全法，并未将有轨电车车辆列入机动车范畴，道路交通安全法及相关法规也没有有轨电车的相关规定。

有轨电车车牌

有轨电车上路运营需要车牌吗

  目前全国 20 多个城市 30 多条运营的有轨电车线路中，有轨电车车辆基本都悬挂了所在地区编号后由交警备案的车牌。

  正是由于这一法律空白，目前绝大部分"上道路行驶的有轨电车"存在因缺乏法律依据而无法办理"机动车"业务事项的问题。这其中包括有轨电车车辆登记、安全技术检验、驾驶证的获取及审验等诸多领域，都缺乏针对性规定。因为车牌发放、驾驶资质获取、交通事故后处理流程及应急处置要求等均未明晰，有轨电车一旦发生纠纷处理起来就会相对复杂一些。所以，在这里我们也呼吁相关责任要求应尽快予以明确。

45 开有轨电车需要驾照吗

汽车的发明、发展都是在德国，然而世界上第一个驾照却诞生在法国。早在1893年巴黎就颁发了写有车牌、驾照和驾照考取法则的警察条例。1901年，匈牙利人李恩时（Leinz）从香港将2辆奥斯莫比尔牌汽车运至上海公租界，至此，我国道路上出现了汽车的身影。1902年1月30日，上海工部局经例会讨论，决定颁予其"临时牌照"，准许其上路行驶。所以说，国内"驾驶证"的颁发若从1902年算起，已有百年历史！

机动车驾驶证

根据自2022年4月1日起施行的《机动车驾驶证申领和使用规定》，机动车驾驶人准予驾驶的车型顺序依次分为：大型客车、重型牵引挂车、城市公交车、中型客车、大型货车、小型汽车、小型自动挡汽车、低速载货汽车、三轮汽车、残疾人专用小型自动挡载客汽车、轻型牵引挂车、普通三轮摩托车、普通二轮摩托车、轻便摩托车、轮

开有轨电车需要驾照吗

式专用机械车、无轨电车和有轨电车。有轨电车一般是行驶在城市道路上的,那么开有轨电车的驾驶员是不是也需要像普通机动车驾驶人一样考取驾照呢?那有轨电车驾照在不在前面所说的驾照种类中呢?答案是肯定的!有轨电车驾驶员的驾照为P驾驶证,一般也称作"P照"。对大多数人来说,P驾驶证可能还是第一次听说,那么大家一定有跟我一样的疑问,P驾驶证怎么考,难考吗?

有轨电车作为公共交通工具,承载着数百人的生命,因此,想取得P驾驶证可不是件容易的事。有轨电车驾照要求的学习时间是小汽车驾照的将近5倍,足以见得有轨电车驾照是多么的难考!

除了有轨电车的驾照对学习时长要求非常高以外,有轨电车的驾

驾驶员驾驶有轨电车进站

驶难度也是非常高的。因为有轨电车没有方向盘，只有左手边的操纵杆可以控制起步、停车和行车速度。为了乘客的舒适性，司机对车速和停车距离的把握非常重要。如过弯道时，进入弯道时车速不高于20 km/h，这就需要司机在这短短的距离和时间内平稳减速。大家赶紧去尝试乘坐有轨电车吧，相信有轨电车的舒适性会让你爱上它的！

另外，有轨电车的驾照有没有什么特权呢？回答是：没有特权！而且考起来更严格哦！有轨电车属于道路上行驶的车辆，需遵守《道路交通安全法》。比如，过路口时不能闯红灯；有行人在斑马线上时，要礼让行人，否则都有可能被罚款记分。P驾驶证的记分规则与普通驾照一样，也是12分，若在一个记分周期内记满，则驾驶员需要上学习班。此外，P驾驶证年检参照大中型客货车司机的有关规定。有轨电车驾驶人在取得P驾驶证的第一年为实习期，实习期内是不允许驾驶营运车辆的，只能跟车实习；若在实习期内记满12分，那他们的有轨电车驾驶证将被直接注销。所以说，这可是一本含金量很高的驾照呀！

46 为什么有的有轨电车可以两辆车一起跑

你是否见过两辆有轨电车连在一起向你驶来呢？远远望去两辆有轨电车连在一起，像一列缩小版的火车。这是不是因为运营过程出现了什么问题？这样是否会使两辆车撞在一起从而引发安全问题呢？

大家完全不用担心！因为这并不是运营出现了问题，而是一种新的运行方式，叫作"联挂运行"。对于有轨电车等轨道车辆，两辆相同型号的车辆可以联挂运行，意思就是这两辆车共用一个控制系统、电力系统和网络系统，由一名司机完成驾驶控制，达到提高运能的目的。车辆联挂后的动力和电力增加一倍，运力也增加一倍。那么这种

有轨电车联挂运营模式

联挂运行方式是否存在安全问题呢？答案是：不存在。因为两辆车是通过同一个控制系统连接的，管理运营是十分方便和自如的，是一个统筹兼顾的整体，不会存在"相爱相杀"的情况。但与地铁不同的是，两辆重联有轨电车之间互不相通。另外，对于全家出游的乘客，上车时要尽量照顾好老人和小孩，以免进入不同车厢，出现走散的情况。

有轨电车联挂

多辆有轨电车之间是怎么连接的

# 47 多辆有轨电车之间是怎么连接的

不知道你是否有过这样的体验：当你乘坐地铁时，感觉有的车站长，有的车站短。当你挤不上地铁时是否有过这样的疑问：为什么不把车厢设长一点，容纳更多的人？实际上，车站的长短是根据车辆车厢的数目（编组）决定的，这与客流需求量有关，轨道交通工程师们在设计时会结合该站的客流需求决定站台的长短。如果前期设计不能满足客流需求，就需要后期改建。例如，为了满足更大的客流量，上海轨道交通1、2号线车辆已经完成了"6改8"。大家坐联挂的有轨电车时也许会发现，两个车厢之间会有一段车厢连接处，那大家是否也曾好奇多编组车辆各车厢之间是如何连接的呢？

通过车钩连接的有轨电车

车辆车厢之间的连接依靠的是车钩。它可不是一个普通的钩子，而是能够连接各个车厢，连通车辆内部的风路、电路和机械，从而使车辆形成一个整体的钩子。车钩是一个很聪明的零部件，它可以灵活调节车厢之间的联动，前面车辆启动，通过车钩拉着后面的车厢运动，同时车辆制动的时候，车钩也会起到缓冲的作用，这也就保证了有轨电车安全平稳地运行。另外，当一辆车"生病"时，"健康"的车辆会对它进行救援，拖拉也需要用到车钩。

48 有轨电车运营的"最强大脑"

在某些真人秀节目中，总有一些或靠后天苦练或天赋异禀的人走上舞台，挑战人类脑力极限，尝试与机器"过招"，完成不可思议的挑战，对观众而言，这种震撼和激励更加强烈。

有轨电车怎么跑、间隔多久发车、每个站停留多久……指挥有轨电车的所有指令，也是"最强大脑"说了算。这个"大脑"会提前编制好运行图，具体信息如今天发多少趟车辆、几时几分到哪个站、下一趟车辆怎么跑并发出指令……通过运营控制系统传递给各次车辆。

这个"最强大脑"就是有轨电车控制中心，是有轨电车整个系统中的核心，是一处集行政管理和运营指挥于一体的现代化智能机构。这里24小时不间断工作，密切监视着有轨电车的"一举一动"，未经允许任何人都不能进入。我们来看看有轨电车的"最强大脑"都做些什么吧？

有轨电车"最强大脑"的全称是"运行控制中心"（Operation Control Center，OCC），设有值班主任、行车调度员、电力调度员、环控调度员、综合调度员和OCC指导司机六大岗位，采用四班两运转的方式。控制中心是有轨电车运营生产的"中枢"，主要行使五大职能。

一是调度指挥，通过监控行车、供电、环控系统设备运作，掌握车辆运行状态、客流变化及设备运行情况，按车辆运行图的要求指挥车站、司机以及维修等总体生产工作。

二是现场监控，通过全线闭路电视（Closed Circuit Television，CCTV）监控终端对全线车站站台、站厅、出入口、通道和重要设备房等区域的客流、设备运行等情况进行监控。

三是应急处置，根据应急预案和现场处置方案，牵头妥善处理运营突发事件、事故。

四是施工管理，借助于施工调度管理系统完成临时施工计划的审核，运营结束，车辆回场后，合理组织工程车、调试车开行，并组织实施施工计划。

五是信息收发，收集地铁客流、故障、事件等信息并通过短信平台及时将相关信息发布至各层级人员，保证运营生产有序开展。

这样看来，我们的"最强大脑"真是非常重要呢！

有轨电车控制中心

49 有轨电车能不能实现自动驾驶

随着科技进步推动时代发展，如今已是互联网＋的时代，也出现了诸多智能化的设备和工具。当前的时代就是智力集成时代，特征就是让机器代替人类做一些力所能及的事情。有轨电车能否顺应时代要求实现自动驾驶呢？

和有轨电车相似的自动旅客捷运系统（Automated People Mover System，APM）就是采用自动驾驶模式的，我们通常会在机场看到它，由于它的适用范围有限，且可输送的旅客数量较少，所以较少运用在主要城市公共交通中。有轨电车的自动驾驶目前正在研究中，虽然还没有真正投入使用，但是未来可期！如今高铁已实现自动驾驶，地铁也已实现全自动运行（可无人驾驶）。在汽车"自适应巡航控制"[1]技术已成熟且已开展自动驾驶道路测试的背景下，作为运输能力介于地铁和公交车之间，且大部分甚至全部区域享有独立路权的轨道交通，有轨电车也在如火如荼地开展自动驾驶技术的研发。除路口等共享路权的区域外，有轨电车还是很有可能实现与地铁相同的自动驾驶的；而在共享路权区域，由于环境的复杂性，实现自动驾驶的难度比较高，但是在环境和设备正常时，也可以与小汽车的自动驾驶一样实现司机监视下的"自适应巡航控制"，从而实现全程自动驾驶。但是由于有轨电车是主要行驶于城市道路的公共交通系统，与其他交通方式有较多的联系，其安全可靠性是排在第一位的，目前情况下，适当的人工干预可以避免意外的发生。

---

[1] 自适应巡航控制系统是一种智能化的自动控制系统。它是在早已存在的巡航控制系统的基础上发展而来的。在车辆行驶过程中，安装在车辆前部的车距传感器（雷达）持续扫描车辆前方道路，轮速传感器同时采集车速信号。（参见姚方方主编《汽车电子控制技术》第 144 页）

有轨电车能不能实现自动驾驶

正在自动驾驶的 APM

50 有轨电车怎么和公交车换乘

有轨电车作为路面公共交通系统的一部分,虽然属于轨道交通,但似乎和常规公交的联系更为紧密。有轨电车在城市中的定位是公交线网中的骨干,而有轨电车和常规公交的关系就像鱼骨和鱼刺的关系,只有有轨电车和常规公交之间的换乘做好了,有轨电车才能吸引常规公交的客流,从而增大客流量。可以说和马里奥的水管通道也有异曲同工之妙呢!

有轨电车与公交车站的换乘,总体上与有轨电车的乘客组织方式相关。沿线的公交车站也会根据有轨电车的站位同步进行优化调整。如果有轨电车是通过人行横道组织乘客的,那相关公交车站会调整至

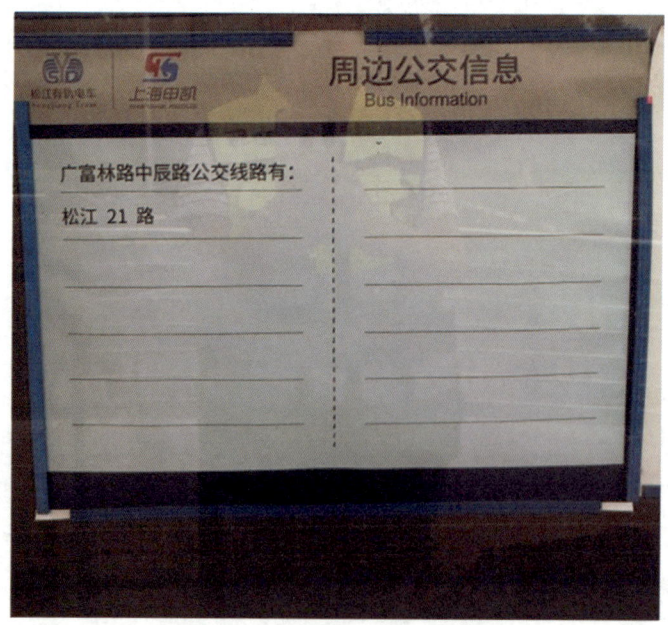

有轨电车与公交换乘信息指示牌

有轨电车怎么和公交车换乘

有轨电车与地铁换乘

出口道附近；如果是通过人行立交组织乘客的，公交车站会调整至上下楼梯附近，便于乘客换乘。

在枢纽车站则会通过信息板等方式告知乘客有轨电车和公交的换乘关系，使换乘更便捷，从而引导更多的乘客乘坐有轨电车。还可以在每个车站张贴更为详细的换乘路径示意图，告知乘客换乘公交线路应该怎么走。

51 有轨电车会完全取代沿线公交车吗

"江山代有才人出,各领风骚数百年""长江后浪推前浪"等都是用来形容新生的人或事物慢慢取代了旧事物。那么,手机的拍照功能很强大,能否完全取代相机呢?笔记本电脑的运行速度越来越给力,能否完全取代台式机呢?同样,在当今城市公共交通系统中,作为后来者的有轨电车是否会完全取代这条道路上的所有公交线路呢?答案必然是:不能!因为他们各自肩负的使命是不一样的!

有轨电车往往走在多条公交线路重复运行的路径上,这种路径通常被称为"客流廊道",是一个城市公交客流需求较大的通道,大家是不是好奇,有了有轨电车,通道上原本的公交车线路会不会被取消?

公交配套完善后的松江荣乐路
(图片来源:松江有轨电车投资运营有限公司)

其实有轨电车通车运营后，并不会简单粗暴地取消原本的公交线路，而是会整合优化沿线的公交线路。这样做一方面可以减少与有轨电车重合的线路数，减少竞争与资源浪费；另一方面可以增加与有轨电车接驳的线路数，新增的公交线路会成为有轨电车这根"鱼骨"伸出去的"鱼刺"，深入组团内部，收集客流，输送到有轨电车上，经过长时间的客流培育，大家会养成乘坐有轨电车出行的习惯，进而形成以有轨电车为骨干的公交廊道。

有轨电车与常规道路公交的融合主要涉及道路公交线路的调整与整合，一般的衔接策略有：将道路公交从"客流竞争"变成"客流喂给"，避免出现两种交通方式长距离共线的情况，重视线路的始发接驳；道路公交以培育喂给线路为主要调整方向，对接驳、一般竞争、强竞争线路进行优化调整；完善公交配套体系，包括枢纽场站、专用路权、运力投入等，为道路公交线路的调整提供配套保障。

52 有轨电车在交通枢纽中扮演怎样的角色

老子说:"天下莫柔弱于水。"水,没有一种固定的形状,而能因物赋形。无论多小的缝隙,水都能钻过去;无论遇到多么不规则的石头,水都能绕过去。有轨电车这种介于轨道交通和常规公交之间的交通方式正可以像"水"一样自由地在交通枢纽中游走。

有轨电车在公交枢纽中可以扮演多种角色,而不同定位的站点在与枢纽衔接时对应着不同的策略。按照站点功能,可将有轨电车站点分为枢纽站、换乘站及一般站三类。

嘉兴有轨电车枢纽站

综合交通枢纽强调多种交通方式的无缝换乘。大型的枢纽站一般是高铁站、客运站等多种交通方式集聚的站点。这一类的枢纽站，将要应对大量的客流，而使用有轨电车可以使乘客多一种选择，缓解其他出行方式的交通压力。

有轨电车换乘站主要是要与公交枢纽站及公交首末站形成换乘，以及与停车场形成换乘，即"停车＋换乘"(P+R)。建设这种站点的目的在于方便居民的日常生活，减少人们在换乘上所耗费的时间。

一般的有轨电车站点会与公交中途站、公共自行车站点形成换乘。这一类的站点，主要解决人们生活中"最后一公里"的问题。为了节约社会资源，不能每个小区或者居民区都设立站点。使用这类站点，可以与其他交通方式的站点结合，共同解决这一问题。

53 有轨电车一定开在城市道路上吗

有轨电车作为城市的中运量公共交通系统，在城市中往往承担着公共交通骨干的作用，但是有轨电车是不是只能开在城市道路上呢？有轨电车还能不能身负其他角色呢？

答案当然是：能！有轨电车由于其靓丽时尚的外观、舒适高级的体验，往往受到一些旅游景区、产业园区的青睐，在这些景区、园区内，有轨电车往往承担着快捷联系各个功能区、打造景点特色、提倡绿色交通的使命。网红"华为小火车"大家都看过吗？这是一条在广东省东莞松山湖华为园区内修建的有轨电车线路，有轨电车欧式的风格和华为园区自然地融为一体，成为一条靓丽的风景线，同时还能够兼顾员工的出行，服务员工。坐着这样的有轨电车上下班，是不是感觉自己的格调都高了不少呢？

除了华为园区以外，还有河北省张家口市崇礼太子城冰雪小镇有轨电车。冰雪小镇是为2022年冬奥会建造的国际化四季度假小镇，太子城冰雪小镇园区内的有轨电车专线是冬奥会项目配套功能内的一条慢行园区专线，连接了小镇内的重要功能区块，有力保障冬奥会期间的交通运行，实现各功能区间的短途接驳。另外，有轨电车专线作为小镇内特色交通方式，具有生态环保、人性化、舒适便捷等特征，将极大地提高小镇区域绿色交通出行比例。

华为园区松山湖有轨电车运行中

河北省张家口市崇礼区太子城冰雪小镇有轨电车

54 有轨电车是怎么清洗的

每当夜深人静之时，在路上奔波一天的有轨电车总会悄悄回到它们固定的"家"里，先做个"全身体检"，再来一遍"沐浴更衣"，休息一夜后，再焕然一新、能量满满地与每一位乘客见面。这么个庞然大物又是如何进行清洗的呢？

通常情况下，有轨电车车辆基地设有自动的洗车机，采用车动机器不动的方式来对车身进行全面清洗，车辆在清洗过程中会在洗车线上来来回回运行。有轨电车洗车机采用车辆自行牵引技术，利用侧刷、端刷等不同刷组组成的洗车线对车辆两侧（包括车门和窗玻璃）、侧顶弧、车辆首尾端部进行洗刷作业，清除由于车辆运行和检修造成的车辆外部表面的灰尘、油污和其他污垢。有的车辆基地规模比较小，在不设洗车机的情况下，一般也会考虑人工手洗。

有轨电车正在通过车辆自动清洗机

55 有轨电车是怎么检修的

白天，有轨电车驰骋在钢轨上；深夜，绝大多数有轨电车车辆停运，此时，有这样一群昼伏夜出的人，他们身着工装，手里拿着大大小小的工具，对有轨电车的上万个零件及各部件进行检查，每颗螺丝、每块裙板都是检修工程师关注的对象，他们就像医生一样，为车辆体检、诊疗，确保车辆运行的绝对安全。

有轨电车体检称为"检修"，当前国内对于有轨电车的检修有相关的制度标准，也会根据车辆检修周期及生产厂家所提供的各种建议调整优化，当然也有一些是对有轨电车运营经验的总结。根据国内一些地区的有轨电车运营、维护经验，有轨电车在检修中的具体要求基本分为三个步骤：

第一步是对车辆各设备进行清洗，包括车下设备（如转向架、开闭装置、折叠车钩），车内设备（如车门机械、空调回风口、电加热出风口），车顶设备（如受电弓、空调设备箱、牵引逆变器箱）。

第二步是对车辆各设备进行检查、测量。在检查过程中对设备的

车底检查

车顶检查

防松标记进行重新涂打,设备润滑关键部位使用润滑脂进行润滑。测量部位有磁制动器、撒砂管及排障器、一系止挡、制动闸片受电弓。

第三步是通电检查,按照动态调试中的牵引系统和制动系统完成各项指标测试。

有轨电车的每日检修和基本检修是有轨电车安全运营的重要技术保障,通过定期的维护和保养,车辆会始终处于良好的工作状态。

56 有轨电车的轨道需要保养吗

每天凌晨，夜深人静，大部分人已经进入梦乡，有轨电车的线路上却是十分的热闹，一群"夜猫子"在为电车线路上的设备"把脉问诊"，他们就是有轨电车的综合维修的工作人员。

之前的问题中提到过，道岔就是电车转向的关键，也是由信号控制的核心设备。那么有轨电车综合维修工作人员是如何检修道岔的呢？让我们一起探秘，寻找答案。

晚上8点，接班人员首先要处理白天遗留下的问题，然后了解今晚的作业内容并准备晚上检修的工器具。这项作业需要准备万用表、

轨道检修中

扳手、手摇把、密贴检测锤、钥匙、机油、抹布等大大小小的工器具几十件。而且这些工器具用完后要保证全部带回来，不能有任何一件遗留在作业现场和有轨电车线路上。

晚上12点，所有电车均已回厂。这时，维保人员身穿荧光衣、劳保鞋，戴着头灯，提着提前准备好的工具包坐上工程车来到作业现场准备道岔检修。

到达作业现场后，首先由施工负责人打电话给设备调度，清点确认作业计划及作业区域，经调度同意后才能上道作业。

调度批准后，作业开始了。检修道岔，既需要一定的技术和技巧，又需要经验和耐心。作业需要经历电压测量、油量检查、螺丝紧固、卫生清洁、开口、密贴、缺口等几十道工序。各种检修重点、要点，维保人员早已滚瓜烂熟，检修起来有条不紊，但还是会一丝不苟地执行互控提醒制度，严防可能发生的漏检漏修，为道岔维修质量又增加了一重保障。

凌晨三点半，检修工序陆续完成。安全员和工班长开始恢复设备并做最后的检查，确认设备恢复正常后，出清作业现场。在现场清点工器具无遗漏后，施工负责人联系设备调度销点。

回到车辆厂，维保人员还要在第二天电车运行前检查各种设备是否正常，确保电车正常发车。最后还要把今晚的作业情况以及相关记录进行详细备案。

在多少个不为人知的夜晚，这些维保人员来了又离开，没有多少人知道他们曾经来过，但他们却踏踏实实地保障了有轨电车的安全、准点运营，为乘客的顺利出行提供了有力保障！

57 乘坐有轨电车的体验好吗

对于乘客来说，除了准时、安全等要求，大家最关注的便是乘坐体验，即舒适性。通俗地说，乘坐舒适性就是指坐在行驶的车辆上时颠不颠、晃不晃、舒不舒服。乘坐舒适性中的平顺性，指的是保持在行驶过程中产生的振动和冲击环境对乘员的舒适性影响，主要通过驾乘人员的主观舒适性感觉进行评价。首先，有轨电车行驶在道路上时

乘客们舒适地乘坐有轨电车

乘坐有轨电车的体验好吗

与道路的平整度并没有很大关系，稳定的轮轨关系就是舒适度的基础，这就是为什么我们在高铁上可以看书写字，而在公交车上就很困难的原因。

与地铁和轻轨相比，有轨电车车辆重量小且速度低，因此车辆运营产生的振动对环境影响较小；而且有轨电车采用了弹性车轮技术，大幅度降低了车辆运行过程中轮轨的振动，因此非常有利于保证车内乘客的乘坐舒适性。同时，由于有轨电车在地面运行，相较于地铁视野明亮，方便乘客欣赏沿途风景，这可以给乘客一个愉悦的乘坐体验哦。相比于汽车，有轨电车乘坐空间更加宽敞舒适，且规避了常规公共交通堵车的风险，其准点率可达 95% 以上，能够为当代"打工人"提供舒适、愉悦、高效的交通服务，避免晚点的尴尬现象发生，从此再也不用担心迟到啦。

58 画中的有轨电车

有人可能会想,"大个子"有轨电车放在城市中会不会太突兀?它会不会无法融入城市景观?答:当然不会。有轨电车不但不会和城市景观相互干涉,而且还能促进城市景观的发展。有轨电车轨面可以结合沿线城市的特点,采用草皮、地砖等各种不同材料进行铺装;车辆可以结合城市的人文、历史、环境等特点进行有针对性的形象设计;

葡萄牙波尔图有轨电车

有轨电车车站与景观融为一体

车体采用大玻璃车窗，这样车厢内部宽敞明亮、视野开阔，并可以根据城市文化等特征进行个性化设计。因此，有轨电车建成后往往会成为城市里一道靓丽的风景线，甚至可以成为代表城市的名片。因此有轨电车在景观方面相对于 BRT 和地铁系统具有无可比拟的优势。

　　试想一下，在上海黄浦江畔，外观时尚、前卫的有轨电车缓缓穿梭于高楼街道之间，伴随着霓虹的闪烁，诉说着这个城市的开放与包容；在成都悠闲的街头，一辆熊猫有轨电车缓慢驶过，穿过大街小巷，伴随着零零碎碎的交谈声，诉说着这个城市的惬意悠闲；在南京老城街道路口，一辆复古式的有轨电车在古城墙下运行，伴随着城市的深邃呼吸，诉说着历史的厚重……有轨电车美观大方的同时又肩负交通运输的重任，为原本特色的城市增添更多韵味色彩。有轨电车融入城市景观完全可以让人直呼"画面太美"！

59 有轨电车很吵吗

城市中的噪声污染已经日益严重,有轨电车作为行驶在路面上的"庞然大物"是否会产生较大的噪声?是否会打扰到居民呢?要回答这个问题就需要从噪声的源头说起,噪声属于声音的一种,是由物体振动产生的,所以根据振动情况我们可以了解到有轨电车的噪声情况。

在有轨电车运行的轨道上包裹着一种神奇的材料,能够更进一步降低运行过程中产生的振动和噪声。当有轨电车驶过时,专业工程师还会监测有轨电车运行过程中产生的噪声、振动的等效声级。水泥搅拌车经过时等效声级为 83.8 dB,小货车经过时等效声级为 82.2 dB,吊车经过时等效声级为 84.2 dB,大客车经过时等效声级为 79.2 dB,而有

有轨电车沿线住宅林立

有轨电车很吵吗

轨电车噪声则为70.0～73.9 dB。从监测结果可以看出，有轨电车经过时的振动水平和大型车辆经过时产生的振动较为接近，但振动产生的强弱和车轮与钢轨之间的摩擦有一定的关系。

因此有轨电车运营时，在其他交通环境下，噪声并不大，和其他城市车辆的嘈杂声比起来，已经算很安静的了，对沿线的住宅、学校等并不会有大的影响。这样一来，把有轨电车称作一个"安静的美男子"是非常契合的。首先，它美观大方，不仅仅能美化城市，还能展示城市的科技与艺术融合之美；其次，它噪声也较小，不会存在扰民的问题。

60 有轨电车有多环保

习近平总书记指出:"绿水青山可带来金山银山,但金山银山却买不到绿水青山。"当今社会趋势也是向着环境友好型社会发展,那作为日常轨道交通之一的有轨电车是否具有节能环保的特性呢?答案是肯定的。

当今主流有轨电车行驶不靠汽油,靠的是节能环保的电能。有轨电车通电后,车内电机开始转动,车轮也就被电机带动着一同转了起来。上文也说过,有轨电车供电一般有三种方式,分别是接触网供电、

节能环保的有轨电车
(图片来源:上海松江有轨电车投资运营有限公司)

地面供电与车载储能供电，三种方法各有优点，在不同城市有轨电车上均有使用。与其他城市交通方式相比，有轨电车可是更为环保的！BRT 的车轮胶轮与路面的摩阻力远大于有轨电车轮轨间的摩阻力，单位能耗是现代有轨电车系统能耗的 3 倍以上，其橡胶轮胎的磨损和更换也是一个不小的环保问题呢。地铁虽然也是比较环保的交通方式，但它主要位于地下，车站内需要安装照明、空调、电扶梯等设施，运营能耗远大于有轨电车。因此，从节能环保角度来看，有轨电车系统远远优于其他交通系统呢！

参考文献

[1] 王倩倩,杨增强.现代有轨电车运营管理功能及运营管理系统研究[J].交通世界,2021(7):9–10.

[2] 王丽君.浅述现代有轨电车与快速公交BRT设计的异同[J].城市建设理论研究(电子版),2018(31):158.

[3] 黄燕子.浅析有轨电车信号系统与地铁信号系统的区别[J].科技创新与应用,2015(17):42–43.

[4] 孙瑞燕,吴金洪,谢美丽,等.城市轨道交通票制与票价研究[J].城市公共交通,2021(3):53–56.

[5] 张嘉峻.现代有轨电车在我国可持续发展问题的思考[J].铁道建筑技术,2019(9):61–64.

[6] 关鸣飞.新型有轨电车的发展现状与应用前景[J].交通世界,2020(17):28–32.

[7] 崔诚靓.有轨电车与道路交通系统的衔接问题及应对措施[J].城市轨道交通研究,2020,23(S1):67–70.

[8] 李娜.现代有轨电车车站站台设置分析[J].地下工程与隧道,2017(1):43–45,48,58.

[9] 苏晓舟.有轨电车限速设施系统的问题分析及设计方法[J].城市轨道交通研究,2020,23(S1):71–75.

[10] 向美柱,陈林秀,张铭瑶.有轨电车正线道岔控制仿真系统的研究[J].铁路计算机应用,2018,27(4):63–67,73.

[11] 刘宗泽,侯飞,刘海全,等.有轨电车储能式系统配置方案及供电系统研究[J].城市轨道交通研究,2021,24(3):102–106.

[12] 姚方方.汽车电子控制技术[M].北京:北京理工大学出版社,2019:144.

[13] 上海市城市建设设计研究总院.上海市工程建设规范 有轨电车工程设计规范[S].上海:同济大学出版社,2016:7.

[14] 郑长江.城市交通路段行人过街信号与交叉口信号联动控制方法研究[M].南京:河海大学出版社,2013:136.